经世济民

诚信服务

德法兼修

"十四五"职业教育国家规划教材

高等职业教育物流类专业"岗课赛证"
融通新形态一体化教材

高等职业教育商贸类专业群
物流类专业智慧物流系列教材

智慧物流实训

（第二版）

主编 薛威

中国教育出版传媒集团
高等教育出版社·北京

内容提要

本教材是"十四五"职业教育国家规划教材，是高等职业教育物流类专业"岗课赛证"融通新形态一体化教材，也是高等职业教育商贸类专业群物流类专业智慧物流系列教材。本书第一版曾荣获第八届"物华图书奖"一等奖。

本教材以党的二十大精神为指导，在现代物流数字化、智慧化新趋势和加快形成新质生产力的背景下，根据岗位界限、课程内容和企业的作业流程、"智慧物流"国赛赛项规程等，设计了符合供应链运行实践的集采购、运输、仓储、生产、配送、销售于一体的16个物流活动实训项目和1个体现物流活动运行规律的综合物流实训项目。本书采用新型活页式教材呈现形式，项目实训内容可随课程重组、数据资源可随需求拓展、教学模式和学习方式可随学情分析变化，方便学习者完成实训项目的操作，解决学生"事非经过不知难"的问题。

本教材可供高等职业教育专科、本科院校和应用型本科院校物流类专业及相关专业的学生使用，也可作为物流企业职工的培训教材。

本教材配套建设了动画、视频、虚拟仿真等类型丰富的数字化教学资源，实现了线上线下混合式教学，让学生在线上学习中能够身临其境，打造虚实融合的沉浸式项目教学环境，在院校无法满足实训条件建设标准以及特定情况下，可登录国家智慧教育公共服务平台虚拟仿真实训中心进行虚拟仿真实训用虚拟实训环境和线上实训来满足课程实训的需求。精选其中具有典型性、实用性的资源以二维码方式标注，供读者即扫即用。教师如需获取本书授课用PPT，请登录"高等教育出版社产品检索系统"(xuanshu.hep.com.cn) 免费下载。

图书在版编目（CIP）数据

智慧物流实训 / 薛威主编. -- 2版. -- 北京 : 高等教育出版社, 2025.2. -- ISBN 978-7-04-062922-4

Ⅰ. F252

中国国家版本馆CIP数据核字第2024Y1F690号

智慧物流实训（第二版）
ZHIHUI WULIU SHIXUN

策划编辑 康　蓉　**责任编辑** 康　蓉　**封面设计** 赵　阳　**版式设计** 马　云
责任绘图 杨伟露　**责任校对** 陈　杨　**责任印制** 存　怡

出版发行 高等教育出版社　**社址** 北京市西城区德外大街4号　**邮政编码** 100120
购书热线 010-58581118　**咨询电话** 400-810-0598
网址 http://www.hep.edu.cn　http://www.hep.com.cn
网上订购 http://www.hepmall.com.cn　http://www.hepmall.com　http://www.hepmall.cn

印刷 中煤（北京）印务有限公司　**开本** 787mm×1092mm 1/16　**印张** 22.75
字数 490千字　**版次** 2021年8月第1版　2025年2月第2版　**印次** 2025年2月第1次印刷
定价 49.80元

物料号 62922-00

第二版前言

在党的二十届三中全会“进一步全面深化改革，推进中国式现代化”战略部署指引下，以新发展理念引领改革，在完善发展服务业体制机制，构建优质高效的服务业新体系，推动现代服务业同先进制造业、现代农业深度融合，促进实体经济和数字经济深度融合，加快形成新质生产力的背景下，物流行业迎来现代物流技术创新与业态升级的新趋势。现代信息技术、新型智慧装备的广泛应用，现代产业体系质量、效率、动力变革的深入推进，激发了物流的内生动力和创新活力，促进了现代物流数字化、网络化、智慧化发展，不断打造科技含量高、创新能力强的智慧物流新模式。

党的二十大后，党中央、国务院部署职业教育改革工作的首个指导性文件《关于深化现代职业教育体系建设改革的意见》着力破解职业教育改革发展的突出矛盾和问题的重大改革，是统筹职业教育、高等教育和继续教育协同创新的重要抓手，是推进职普融通、产教融合、科教融汇的关键步骤，集中体现了党中央、国务院部署职业教育改革的新主张、新举措、新机制。《“十四五”现代物流发展规划》指出：到 2025 年，基本建成供需适配、内外联通、安全高效、智慧绿色的现代物流体系。

由于各个院校的实训教学顶层设计不同，有的院校是在核心课程中先进行充足的实训项目“点”式实训，再进行较集中的“线”式实训（即流程实训）；也有的学校是集中进行综合实训，本教材根据各个院校的需求，建设标准化实训项目，通过活页式教材形式实现内容的灵活重组和序化，支持开展核心课程的“点”式实训，关键学期作业流程的“线”式实训，以及学业结束前的综合实训。

《智慧物流实训》（第二版）在保留第一版精华的基础上，对全书内容从如下几方面进行了迭代升级式修订：

1. 深化课程思政要素

第二版教材通过细化素养目标，帮助学生在实践操作过程中逐步树立成本意识、节约意识、效率意识、安全意识、劳动意识、创新意识、跨界跨域合作意识、自我进化的心智成长意识等物流从业者在新质生产力背景下转化为新型劳动者必备的职业道德和素养。在职业岗位、工作内容、基本技术、相关知识和技能要求的基础上，增加了职业素养要求，培养学生的劳动精神、职业素养和工匠精神，关注行业的降本增效和绿色发展，提升学生的综合职业素养，实现润物细无声的育人效果。

2. 新增生产物流项目

本教材将多年全国职业院校技能大赛“智慧物流”赛项的成果转化为实际教学内容。本次修订应对 2023 年智慧物流技能大赛增加了生产物流内容的新趋势，为响应国家智能制造和生产物流数字化转型的政策导向，新增了生产物流项目，延伸了物流服务价值链条，发挥现代物流串接生产消费的作用，推动物流业加快形成新质生产力，实现提质降本增效。

3. 将活页式教材做“活”

本教材采用活页式教材的创新形态，其显著特点是：方便教学内容随着教学需求而重组或序化，方便实训内容随着不同条件的激活而拓展，方便数据资源的整合，方便教学模式和学习方式随学情分析变化。通过重组不同的内容，可以满足不同颗粒度、不同维度、不同需求的教学活动。

(1) 项目的重组和序化，可服务不同课程的实训。本教材第二版整合第一版教材的实训项目，建设了1个物流全流程综合实训项目和16个分布式物流作业环节实训项目，构成完整的智慧物流生态活页式实训教材。可根据院校所在的区域不同、依托的企业不同、开设的课程需求不同，进行实训项目的灵活重构，实现不同课程的实训和整个物流专业的综合实训。例如，重组项目一、二，可实现采购课程的实训；重组项目三、十四、十五，可实现运输课程的实训；重组项目四、五、六、七、八、九、十一、十二，可实现仓储课程的实训；重组项目十、十一、十四、十五，可实现配送课程的实训；重组项目一、二、三、六、八、九、十、十三、十五、十六、十七，可实现供应链课程的实训；学完项目一至项目十七，可完成整个物流专业的综合实训。

(2) 激活不同的条件，灵活拓展实训内容。每个项目都有技能训练内容，在资料包里不仅有许多显性工作任务和条件，还有尚未被激活的隐性条件，作业或设计要求既对显性工作任务和条件有效，也对未被激活了的隐性条件有效。

例如，在项目十一退货分析与退货处理中，物流公司与供应商的销售合同对一些小商品（一般等级）的常见问题做了较详细的规定。其中，金属件锈蚀问题出厂保质期为6个月，木制品发霉出厂保质期为3个月，开裂出厂保质期为6个月；塑料制品变形、开裂、老化出厂保质期为5个月等。保质期内供应商不追究保存环境，免费更换，并承担物流费用。超过保质期的问题货物，公司按单价的70%，计提损失。在点检出库时，发现2把尖嘴钳有锈斑，查验进货单为5个月前出厂；发现天然桃木梳子2把，销售包装破损，1把有霉点。经查验，该批次为2个月前出厂，由于上述情况都在保质期内，所以损失就未计算物流公司由于工作失误造成的非正常支出。如果改变保质期和激活塑料制品变形、开裂、老化等条件，物流公司的非正常支出就发生了根本性改变。这种拓展既可以是作者在修订教材时改变，也可以是授课教师备课时改变，只要熟悉业务，这种改变可以将企业的疑难杂症及例外事件都显现出来。

(3) 设立开放式项目，灵活运用数据资源。有的项目是依据授课者和学习者将市场调研结果整理而生成的数据，其设定的条件和标准只要合理就有效。这种开放式项目的实训结果是不唯一的，其实训内容为学习者和授课者提供了想象空间，满足了其创造性思维的需求。如有当地企业或学校实训基地的数据资源，像盘点作业的库存数据、货物组托的数据、智慧拣选的数据，都可以在作业或设计要求不改变的情况下，与教材上的数据资源整合替换，形成不同的实训结果。

（4）活化课堂教学模式和学生学习模式。本教材在进行项目设计时注重学情分析，满足混合式教学模式，可实现线上线下自主教学。如在项目二数字化采购中，可对接 ERP 系统；在项目七货物组托中，可进行场地作业；在项目十智慧拣选作业中，可对接自动化立体仓库。项目的实施既可以是个人，也可以从个人学习转化成为小组学习讨论，初步实训属于预设性资源，就是本教材中的资料包，深度实训是生成性资源，就是资源的拓展和激活，激活深度实训一般采用"教学同频"的教学方法。

（5）汇总各项目表单并填制，可帮助学生间接了解物流企业管理的各项指标，熟悉物流企业的管理重点和管理内容，为今后深入企业并将管理方法应用到企业实际工作中奠定基础。

（6）汇总各项目岗位能力要求，可清晰展示各岗位物流人才的培养规格、物流行业的发展趋势和新型劳动者的培养需求，确保学生具备行业所必需的最新技能和知识，熟悉物流行业所面临的新业态、新技术，培养学生的数字思维、智能思维。

4. 完善项目考核评价标准

第二版教材以工作流程要点为切入点，细化各项评价指标，更加全面地评估学生的学习成果和进步，促进学生综合素质的发展。考核评价标准体现准确、正确、规范、合理的要求。

（1）准确，是集正确、规范、合理于一体的最优标准，根据条件不同，结果有可能不唯一，启发学生在创造性思维下寻找最优解。

（2）正确，指答案唯一，体现出基础知识、基础算法的应用能力。

（3）规范，指作业过程符合行业规范，如作业流程要求有序，一环扣一环，符合 5S 的要求。

（4）合理，体现出以劳动者、劳动资料、劳动对象及其优化组合的跃升为基本内涵，以全要素生产率提升为核心标志，创新发挥主导作用即为合理。

5. 对部分项目进行数字化改造和智慧化升级

第二版对数字化采购和智慧拣选作业项目进行了数字化改造和智慧化升级。项目二数字化采购要利用 ERP 进行采购信息管理，因此就需要学习者会使用 ERP 管理系统。项目十智慧拣选作业以物联网技术为基础，按订单或出库单的要求，考虑到拣选的全要素，优化作业过程并将其转化为拣选单，按照拣选单完成"人—机"和"机—机"拣选作业。

本教材由天津交通职业学院薛威教授主编。具体编写分工为：杨立佳编写项目一、项目二、项目三、项目十六；李泽编写项目四、项目五、项目六、项目七、项目九、项目十三、项目十四、项目十五；薛威编写项目八和项目十七；娄熠编写项目十和项目十二；薛威、王琦编写项目十一。

本教材在编写过程中，要特别感谢国内知名的物流系统集成商——北京伍强智能科技有限公司对该项目的贡献。还要感谢北京京东世纪商贸有限公司、苏宁易购、菜鸟网络科技有限公司、唯智信息技术（上海）股份有限公司等企业的大力支持和指导。

特别鸣谢深圳市中诺思科技股份有限公司对本教材数字资源制作的鼎力支持。

由于作者水平及时间有限，再加上新技术、新模式的不断涌现，本教材难免存在疏漏和不足之处，恳请广大读者批评指正，以使本教材日臻完善。

编　者

2024 年 12 月

第一版前言

在“中国智造 2025”“新基建”“交通强国”等国家战略推动的大背景下，物流行业迎来了继电子商务之后的第二次快速发展的历史机遇。随着信息化时代的发展，物流行业已经处于从传统物流向数字物流转型发展的十字路口。2019 年，国家发展改革委、交通运输部、商务部等 24 部委联合发布的《关于推动物流高质量发展促进形成强大国内市场的意见》（发改经贸〔2019〕352 号）是顺应当下信息技术快速发展、智能物流和智慧物流高速发展而产生的。基于 5G、工业互联网、大数据中心、人工智能等新技术，物流行业将搭上“新基建”这辆“快车”，形成智慧物流新模式，物流活动各环节更加智能化、高效化、数字化，物流业务全系列转型升级，将全面提升物流效率、降低物流成本，实现了物流产业的跨越式发展。

2020 年，突如其来的新型冠状病毒疫情让全世界各大行业都受到了重大影响。在我国，由于智慧物流新模式的涌现，不仅极大地减轻了疫情给人们生活带来的负面影响，而且因为物流链连着产业链、供应链，对后疫情时期有序推动复工复产，间接刺激我国经济事业的快速复苏，发挥了不可或缺的重要作用。

未来，智慧物流服务将基于“互联网 +”“智能 +”与“物流”的相互融合，全方位集成市场主体、信息流和设施设备，加强自动化、信息化、数字化、可视化、智能化服务能力，实现效率驱动、数字驱动、体验驱动、消费者驱动，逐步形成智慧物流健康生态，从而深化其供应链、产业链的服务效能。

党的二十大报告提出：“必须坚持科技是第一生产力、人才是第一资源、创新是第一动力，深入实施科教兴国战略、人才强国战略、创新驱动发展战略，开辟发展新领域新赛道，不断塑造发展新动能新优势。”本书结合智慧物流发展趋势，在落实国家物流专业教学标准和实训条件建设标准的基础上，对物流实训课程进行了顶层设计，对物流人才的培养提出了更高的要求，需要高等职业院校培养的劳动者具有供应链视野和跨界复合的自主学习能力，能够融合互联网思维、平台思维、创新思维，具备扎实的职业技能、朴素的劳动精神、一流的职业素养。

本书以习近平新时代中国特色社会主义思想为指导，全面落实立德树人根本任务和党的二十大精神。党的二十大报告指出：“育人的根本在于立德。全面贯彻党的教育方针，落实立德树人根本任务，培养德智体美劳全面发展的社会主义建设者和接班人。”对此，本书针对每个项目的内容建设了有针对性的素养目标，并列于三维学习目标之首。作者遵循以立德树人为根本任务，以培养学生职业素养和工匠精神为主线，潜移默化地融入 5S 管理、成本意识、节约意识、效率意识、安全意识、劳动意识等劳动精神，依据课程内容和企业的作业流程、岗位界限等，设计了符合供应链运行实践的集采购、生产、销售、储运于一体的 17 个物流活动实训项目和 1 个体现物流活动运行规律的综合物流实训项目。每个项目都设有学习目标（包括素质目标、知识目标、技能目标）、建议学时、思维导图；项目概述；工作依据（包括法律法规、国家标准、行业标准等）；实训环境与设施设备要求（包括场地和设备要求）；项目职业能力要求（包括该项目面向岗位的主要工作内容、基本技术、相关知识、技能要求）；技能训练内容（包括资料包，作业或设计要求，作业项目所需账、卡、表、单，实训报告）；考核评价标准。全书以新型活页式、工作手册式教材的形式，指导学习者完成实训项目操作，解决学生“事非经过不知难”的问题。

本书的主要特点如下：

（1）每个实训项目均以国家和行业颁布的法律法规、标准为依据。落实教育部已经颁布的各类标准，对标专业标准、实训条件建设标准。

（2）本书采用新型活页式、工作手册式开发模式，同步开发数字化资源，实现了线上线下融合式教学。本书设计了17个项目和1个综合实训，院校可根据不同的实训课时拆分活页，灵活重组为满足个性化需求的活页教材。每个项目“技能训练内容”中的“（三）作业项目所需账、卡、表、单”和“（四）实训报告”为工作页，学生可拆分活页，灵活组装成实训作业提交。本书既可以满足学生线下实训场地的操作；也可以满足学生线上作业，打造虚实融合的沉浸式项目教学环境，在无法满足实训条件建设标准的院校及特定情况下，用虚拟实训环境和线上实训满足院校实训教学需求。

（3）本书是物流技能大赛的成果转化，作者具有设计、组织国赛和“做一日物流人”的亲身经历和经验，通过本书将近十年的积累奉献给物流职业教育的学子和园丁。

（4）本书能够基本满足物流类核心课程的使用，书中的数据可以丰富和完善有实训条件院校的数据库，书中的表单可以为后续的智慧物流系统提供支持。

（5）本书的项目设计强调立德树人，以培养学生职业素养和工匠精神为主线，重在培养学习者的劳动意识和成本意识。通过项目的训练使学习者接受锻炼、磨炼意志，培养其正确的劳动价值观和良好的劳动品质，并形成良好的劳动习惯和降本增效意识。

（6）党的二十大报告提出：“构建优质高效的服务业新体系，推动现代服务业同先进制造业、现代农业深度融合。加快发展物联网，建设高效顺畅的流通体系，降低物流成本。”本书设置实训项目的分析与评价标准与降低物流成本密切相关。

（7）“岗课赛训”一体化项目设计。教材内容对接国家、行业标准和企业岗位规范，提炼物流相关职业岗位所需的素质、知识、技能目标；融入物流管理专业核心课程教学内容，以企业供应链运行实践过程为范本，分解智慧物流实训任务；转化全国职业院校技能大赛智慧物流赛项成果，基于工作过程和竞赛要求，设置实训项目评价标准；以“1+X”职业技能培养为蓝本，由1个物流全流程综合实训项目和17个分布式物流作业环节实训项目构成完整的智慧物流生态活页式实训教材。

本书由天津交通职业学院薛威教授主编。具体编写分工为杨立佳编写项目一、项目二、项目三、项目十七；李泽编写项目四、项目五、项目六、项目七、项目八、项目十、项目十五、项目十六；薛威编写项目九、项目十三、项目十八；娄熠编写项目十一、项目十二、项目十四。

本书建议学时为 72 ~ 144 学时。各个学校的实训教学顶层设计不同，有的学校在核心课程中进行过充足的实训项目的“点”式实训，某学期再进行较集中的“线”式实训（即流程实训），本书可以用 72 学时完成综合实训；有的学校进行集中性综合实训，本书可以用 144 学时完成综合实训。

在本书的编写过程中，要特别感谢苏宁易购、北京京东世纪商贸有限公司、菜鸟网络科技有限公司、唯智信息技术（上海）股份有限公司等企业的大力支持和指导。

特别鸣谢深圳市中诺思科技股份有限公司、大连泽软信息技术有限公司对数媒资源制作的鼎力支持。

由于作者水平有限，再加上新技术、新模式的不断涌现，本书难免存在疏漏和不足之处。恳请广大读者批评指正，以使本书日臻完善。

编　者

2023 年 7 月

主编简介

薛威，教授，高级工程师，天津交通职业学院终身教授，国家教学名师、黄炎培杰出教师奖获得者，国家级教学团队带头人，交通运输部高等职业教育优秀专业带头人。曾任全国物流职业教育教学指导委员会师资队伍建设专委会秘书长，中国交通运输职业教育集团副秘书长，国家级交通运输教育网物流教育网专家组组长。有 15 年企业工作经历，从教 28 年。先后荣获全国五一劳动奖章、全国交通系统先进工作者、天津市优秀教师等荣誉称号。具有连续六届设计、组织物流国赛和“做一日物流人”的亲身经历和经验，并在 10 年前就将核心能力（软能力）融入技能大赛中，为全国职业院校技能大赛（高职组）的改革奠定了坚实基础。主持教育部《中高职衔接物流专业教学标准》《高等职业学校物流管理专业实训教学条件建设标准》《高等职业学校物流信息技术专业实训教学条件建设标准》《高等职业学校物流信息技术专业教学标准》。建设国家级精品课、国家精品资源共享课和职业教育国家在线精品课程“仓储作业管理”。主编《智慧物流实训》《仓储作业管理》等教材，其中,《仓储作业管理》连续被评为“十二五”“十三五”“十四五”职业教育国家规划教材,《仓储作业管理》（第三版）荣获首届全国教材建设奖全国优秀教材二等奖和第七届“物华图书奖”一等奖;《智慧物流实训》被评为“十四五”职业教育国家规划教材和第八届“物华图书奖”一等奖。主持的教学项目曾获 2013 年天津市高职院校信息化网络课程教学大赛一等奖。主持和参与的教学项目获国家级教学成果奖一等奖 1 次、二等奖 2 次，天津市教学成果奖一等奖 3 次、二等奖 2 次。

目 录

01 项目一

Chapter

供应商管理

学习目标

素养目标

- 树立敬业精神、安全意识、节约意识和劳动意识
- 培养良好的沟通能力和团队合作能力
- 培养质量意识和成本意识，能够选择质优价廉的合作供应商
- 具备采购人员职业操守，能够廉洁奉公，公平采购

知识目标

- 掌握从事供应商管理的基础知识
- 掌握供应商选择与评价的流程
- 了解供应商的遴选方法

技能目标

- 能够设计供应商的评价指标体系
- 能够进行供应商的评估与选择
- 能够对供应商进行分级管理

建议学时： 4 ~ 8 课时

思维导图

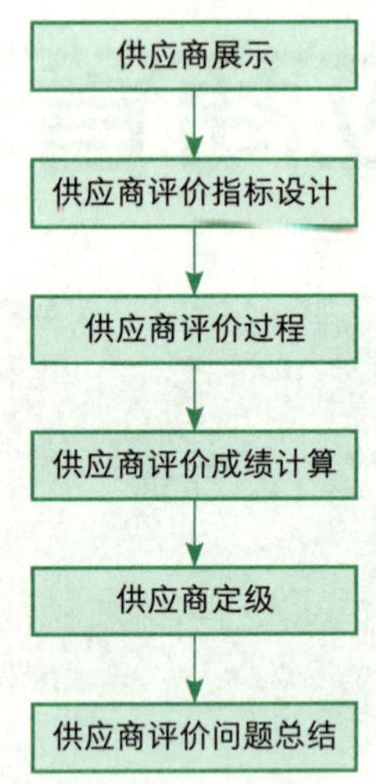

一、项目概述

通过建立供应商评价指标体系，组建供应商评价团队，进行供应商评价，与合格供应商建立合作伙伴关系，并对供应商实现分级管理，降低供应链采购的风险与成本，提高采购工作的效率与效益。

二、工作依据

- 《合格供应商信用评价规范》（GB/T 23793-2017）
- 《工业企业供应商管理评价准则》（GB/T 33456-2016）
- 《电子商务供应商评价准则　优质制造商》（GB/T 30698-2014）
- 《电子商务供应商评价准则　在线销售商》（GB/T 36315-2018）
- 《电子商务供应商评价准则　优质服务商》（GB/T 36313-2018）
- 《超市鲜活农产品供应商评价指标体系》（SB/T 10621-2011）
- 《农产品供应商评价规范》（GH/T 1088-2013）
- 《建材家居供应商管理规范》（SB/T 11146-2015）
- 国家职业标准《采购员（2023年版）》（职业编码：4-01-01-00）

三、场地与设备要求

（一）场地要求

在具备计算机操作环境和商务会谈环境的实训室进行。实训场所面积至少 80 m^2，能够满足每个班 40 人同时开展供应商管理实训教学项目。

（二）设备要求

1. 计算机

（1）主要功能：用于完成供应商评价表数据统计分析和供应商汇报演示。

（2）技术要求：见《高等职业学校物流管理专业实训教学条件建设标准》中的“表 6 物流软件实训室设备要求”。

2. Office 办公系统

（1）主要功能：用于进行采购相关数据的统计分析、采购作业计划撰写。

（2）技术要求：Microsoft Office 2013 以上版本或 WPS Office。

3. 办公桌椅

（1）主要功能：用于供应商认证团队进行供应商评价。

（2）技术要求：桌椅尺寸约为 900 mm × 600 mm × 750 mm。

4. 投影仪

（1）主要功能：用于教学演示和供应商 PPT 展示。

（2）技术要求：见《高等职业学校物流管理专业实训教学条件建设标准》中的“表 9 智慧物流实训室设备要求”。

5. 幕布

（1）主要功能：用于教学演示和供应商 PPT 展示。

（2）技术要求：见《高等职业学校物流管理专业实训教学条件建设标准》中的“表 9 智慧物流实训室设备要求”。

四、项目岗位能力要求

该项目面向供应商管理的主要工作内容、基本技术、相关知识、技能要求、职业素养，如表 1-1 所示。

表 1-1　供应商管理岗位能力要求

职业岗位	主要工作内容	基本技术	相关知识	技能要求	职业素养
采购员	遴选适当的备选供应商	收集分析供应商信息	采购基础知识	能够多途径收集供应商信息，遴选适当的供应商，并填写“供应商信息表”	树立敬业精神，多途径收集供应商信息，利用良好的沟通能力与团队合作能力，遴选适当的供应商
	供应商评价	供应商评价考核	供应商评价流程、供应商评价指标体系设计	能够组建供应商评价团队；能够设计供应商评价指标体系；能够组织供应商现场评价	培养良好的沟通能力和团队合作能力，合理组建供应商评价团队，培养质量意识和成本意识，能够依据价格运行机制原理选择质优价廉的合作供应商
	供应商分级管理	供应商关系管理	供应商管理方式	能够根据供应商评价考核结果对供应商进行分级，并采取不同的方式管理	树立安全意识、节约意识和劳动意识，具备采购人员职业操守，能够廉洁奉公，公平采购

五、考核评价标准

供应商管理考核评分表如表 1-2 所示。

表 1-2　供应商管理考核评分表

专业　　　　班级　　　　姓名（小组）

考核项目	评分标准及说明	项目分值 / 分
遴选适当的备选供应商	供应商信息表的填写数量不少于3份，填写准确、规范得10分；法人和联系方式填写不准确扣1分，供应商概况填写不准确扣1分，产品填写不准确扣1分，客户信息填写不准确扣1分	10
	供应商角色扮演团队制作不少于3份，供应商汇报PPT并做现场汇报。信息有效、合理得16分；每份PPT内容应包括6项，每少1项扣1分，最多扣5分；PPT汇报语言表达不规范，扣1分	16
供应商评价	完成7张供应商评价表，指标设置正确得14分；没有有效的新增指标每张扣1分，指标赋分不合理每张扣1分	14
	完成不少于3张供应商认证现场问题记录表，得21分；无新增问题每张扣2分，记录不准确每张扣2分，对采购工作建议不合理每张扣3分	21
	供应商评价成绩汇总，完成并计算正确得21分；3个供应商评价指标加权得分，每错扣1分，最多扣21分	21
	为供应商评级，结果正确得4分，每错扣2分，最多扣4分	4
供应商分级管理	完成合格供应商清单得4分，每错扣2分，最多扣4分	4
	完成供应商评价问题清单，对供应商存在的问题识别准确，风险评估合理、措施有效得10分；问题识别不准确，每处扣1分，最多扣3分；风险评价不合理，每处扣1分，最多扣2分；措施无效，每处扣1分，最多扣5分	10
合计		100

考核日期：　　年　月　日

六、技能训练内容

（一）资料包

1. 供应商评价流程

供应商评价流程见图 1-1。

2. 形成供应商备选名单

从以下手机屏幕供应商中确定不少于 3 个企业形成供应商备选名单：

京东方、天马、信利、华星等。

3. 供应商汇报 PPT 排版格式及内容要求

（1）PPT 文件命名为：供应商名称 ppt（pptx）。

（2）PPT 文件内容包括：封面页、目录页、正文页、致谢页，共 4 部分。

① PPT 封面页包含：

- 标题：XXX 公司介绍。
- 内容：企业 logo、汇报人、日期（格式为：年 / 月 / 日，日期能够自动更新）。

② 目录页和正文页中应包含：企业经营及业务管理情况、品质管理情况、生产及安全管理情况、物流管理情况、技术及设备管理情况、售后服务情况等内容。

③ 致谢页：用简单的语言表达你的感谢之意。

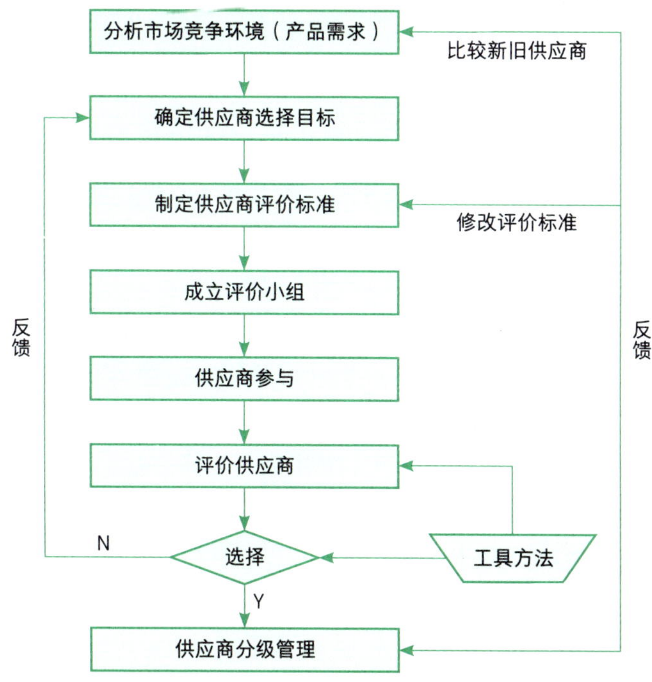

图 1-1　供应商评价流程

(3) 格式要求。

① 封面页。

- 标题（中文字体：黑体；英文字体：Times New Roman；字号：48 号；行距：单倍行距）。
- 内容（中文字体：华文仿宋；英文字体：Times New Roman；字号：32 号；行距：单倍行距）。

② 目录页。

- 一级标题（中文字体：华文楷体加粗；英文字体：Times New Roman；字号：36 号；单倍行距）。
- 二级标题（中文字体：华文宋体加粗；英文字体：Times New Roman；字号：32 号；单倍行距）。
- 三级标题（中文字体：宋体加粗；英文字体：Times New Roman；字号：28 号；单倍行距）。

③ 正文页。

- 一级标题（中文字体：宋体加粗；英文字体：Times New Roman；字号：30 号；单倍行距）。
- 二级标题（中文字体：宋体加粗；英文字体：Times New Roman；字号：28 号；单倍行距）。
- 内容（中文字体：宋体；英文字体：Times New Roman；字号：24 号；单倍行距）。

注：

- 正文页标题：每一张正文页的标题均默认为一级标题格式。
- 图和表格式规范（中文字体：宋体；英文和数字字体：Times New Roman；字号：24号；单倍行距；表格边框与内部均为实线）。

④ 致谢页。

- 标题（中文字体：宋体加粗；英文字体：Times New Roman；字号：58 号；单倍行距）。
- 内容（中文字体：华文仿宋；英文字体：Times New Roman；字号：46 号；单倍行距）。

4. 供应商考核评价指标参考架构

供应商考核评价指标参考架构见图 1-2。

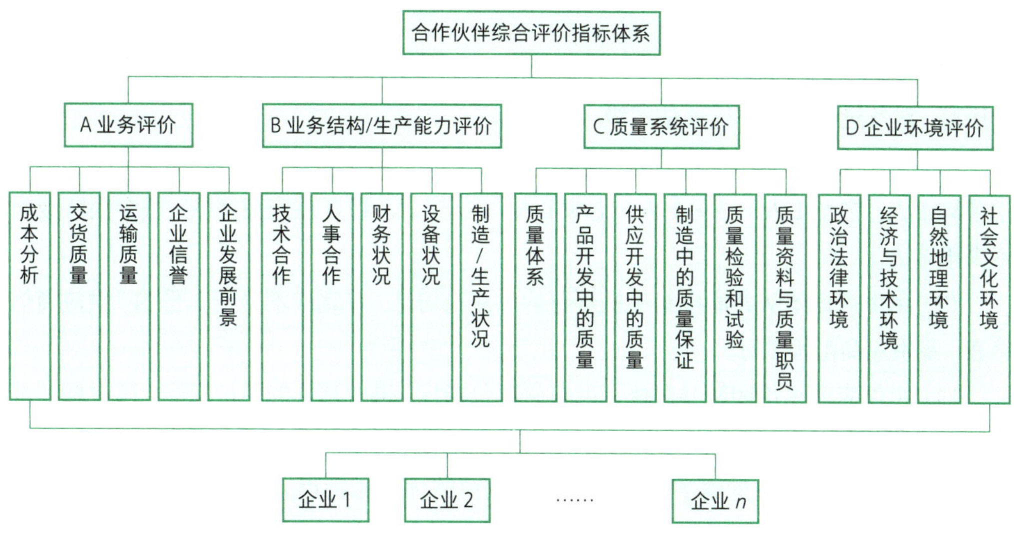

图 1-2　供应商考核评价指标参考架构

5. 供应商等级划分

供应商等级划分如表 1-3 所示。

6. 供应商管理方法

不同等级的供应商管理方法如表 1-4 所示。

表 1-3　供应商等级划分

等级	分数标准	供应商类型
A级	90 ~ 100分	战略合作伙伴
B级	75 ~ 90分	合格供应商
C级	60 ~ 75分	考察期供应商
D级	60分以下	不合格供应商

表 1-4　供应商管理方法

等级	供应商类型	管理方法
A级	战略合作伙伴	优先采购，可开展长期合作，加大采购量或给予进一步合作；质量合格率、交货准时率为满分的供应商，经进一步考察，认定为特别优秀的供应商，则物料可享受免检待遇
B级	合格供应商	可正常采购，由采购部提请厂商改善不足，并定期予以考核
C级	考察期供应商	减量采购或进行临时采购，由品类管理（简称“品管”）、采购等部门予以辅导，辅导结束考核未能达到B等以上予以淘汰
D级	不合格供应商	终止采购，予以淘汰，如想再次成为供应商，需重新经过供应商调查评价

（二）作业或设计要求

（1）本项目的实训背景是天为通信设备公司为其寻找能够持续稳定供应手机屏幕的供应商，对备选供应商进行评估定级。

（2）每个实训小组不少于 8 人，组建供应商评价团队，每个团队成员不少于 5 人，其中采购 1 人、物流 1 人、品管 1 人、技术 1 人、生产 1 人；组建供应商团队，每个团队成员不少于 3 人。

（3）由供应商团队共同搜集手机屏幕的供应商信息，并完成不少于 3 份的“供应商信息表”及供应商汇报 PPT。

（4）由供应商评价团队共同修订供应商评价指标，选取适当的评价指标，通过增加或删减评价指标，完善“供应商评价表”，并为每项指标赋予适当的分值和评价权重。

（5）由扮演供应商的同学分别陈述各供应商的优势和特点，与供应商评价团队现场交流。

（6）扮演采购、物流、品管、生产、技术岗位工作人员的同学，在听取不少于 3 家供应商的汇报之后，通过现场质询各自领域负责的问题，进行供应商评价。

（7）根据供应商评价结果，对供应商进行分级管理。

（8）根据供应商评价过程中出现的问题，填写“供应商评价问题清单”，指导供应商整改工作。

(三)作业项目所需账、卡、表、单

1. 供应商信息表

供应商信息表如表 1-5 所示。

表 1-5　供应商信息表

编号:　　　　　　　　　　　　　　　　　　　　　　　　　　　年　　月　　日

名称					
地址					
法定代表人		经营范围			
联系人		电话			
传真		E-mail		网址	

公司概况	注册资金		万元	公司信用	信用种类	等级	授予单位
	营业执照	注册号					
		有效期					
	关联企业			主供商品	商品名称	数量	品牌/规格
主要产品	名称	规格	价格	主要客户	名称	地区	市场占有率

2. 供应商认证现场问题记录表

供应商认证现场问题记录表如表 1-6 所示。

表 1-6 供应商认证现场问题记录表

供应商名称: 年 月 日

提问人	调查项目内容	回答
采购	1. 贵公司目前产量足以应付本公司的需求吗?	□可以 □不可以 □需设法弥补
	2. 您对本公司的付款条件、手续是否了解?	□了解 □不了解 □请求当面沟通了解
	3.	
品管	1. 您对本公司质管部、仓库检验的标准与方法是否了解?	□了解 □不了解 □请求当面沟通了解
	2.	
	3.	
生产	1. 贵公司是否推行5S+1S(Safety,安全性)管理?	□是 □否 □引进中
	2.	
	3.	
物流	1. 您能否提供基于JIT(准时生产)理念的产品送达服务?	□可以 □不可以 □需酌情决定
	2. 贵公司的送货及时率能达到多少?	
	3.	
技术	1. 贵公司能否对接本公司的ERP(企业资源计划)系统,开展看板管理?	□可以 □不可以 □需酌情决定
	2.	
	3.	
组长	您对本公司采购工作的建议	

3. 供应商评价表

供应商评价表如表 1-7 至表 1-16 所示。

表 1-7 供应商评价表（经营及业务管理）

供应商名称： 年 月 日

序号	评审内容	评审标准	赋分	得分
1. 经营及业务管理				
1.1	企业有中长期发展规划	没有具体的发展规划		
		有意向的发展规划，但没有具体规划表		
		发展规划已有具体的计划表，并在实施中		
1.2	企业有完整的公司简介，包括公司的基本概况（名称、地点、法人代表、注册资金、经营范围、厂房面积、成立时间等）、公司组织架构、公司主要计划等	没有公司简介		
		有公司简介，但内容过于简单，无法获取有效信息		
		公司简介简洁全面		
1.3	企业组织架构清晰，职责区分清晰	没有明确的组织架构，各岗位职责没有明确规定		
		组织架构明确，各岗位职责规定不够细致		
		组织架构完整明确，各岗位职责规定明确，所有员工均能明确其岗位职责		
1.4	企业重视人力资源，且人员稳定	企业对人才重视不够，不统计人员的稳定性		
		企业比较重视人力资源，但人员的稳定性不强		
		企业重视人力资源，人员的稳定性高		
1.5	企业各岗位有明确的考核指标和方法	没有岗位考核指标和方法		
		有岗位考核指标和方法，但考核指标内容过于简单		
		有明确的考核指标和方法		
1.6				
1.7				
小计				

表 1-8　供应商评价表（品质管理）

供应商名称:　　　　　　　　　　　　　　　　　　　　　　　年　　月　　日

序号	评审内容	评审标准	赋分	得分
		2. 品质管理		
2.1	企业有品质保证体系，且按照相关要求执行	未计划实施ISO9000质量管理体系，无构想		
		已引进相关体系，但未认证或执行不完整		
		已通过相关认证，并在持续维护该系统		
2.2	企业设有专职的品质管理部门及人员	没有专门的品质管理部门及人员		
		有专职的品质管理部门及人员，但人员未经专业培训		
		有专职的品质管理部门及人员，各岗位人员经过培训评估合格后上岗		
2.3	企业有品质检验标准来指导支持各项检验工作	公司无检验的相关标准、指导，完全凭工作经验作业		
		有检验的相关标准，但内容或检验的项目不能支持整个作业过程		
		有相关检验的标准，且内容及产品的检验项目完整支持整个检验过程		
2.4	成品出货检验应包括对产品包装及标识的检验	不对包装及标识进行检验		
		检验产品的包装及标识		
2.5	现场作业指导	没有现场作业指导		
		虽现场有部分作业指导，但不全		
		各岗位作业现场均有作业指导		
2.6	品质记录的保存及更新整理	没有品质记录		
		品质记录没有得到有效管理，但标识不清，许多记录丢失		
		品质记录得到保存管理		
2.7				
2.8				
		小计		

表 1-9　供应商评价表（生产及安全管理）

供应商名称：　　　　　　　　　　　　　　　　　　年　　月　　日

序号	评审内容	评审标准	赋分	得分
3. 生产及安全管理				
3.1	企业生产安排具有计划性	没有生产计划，没有根据产能、交期等因素进行生产安排		
		有生产计划，但对于插单生产，没有重新安排计划		
		生产依据计划执行，插单时调整计划		
3.2	企业有生产异常的处理系统，以快速解决问题	没有相应的处理系统，异常的处理缓慢		
		有生产异常处理系统，但系统内的职责划分不清，导致异常处理缓慢		
		生产的异常处理系统各项流程清晰，异常处理能快速解决问题		
3.3	企业进行6S管理	没有6S管理，存在安全隐患		
		有引进相关的管理制度，但实际执行尚不满意		
		实行完整规范的6S管理，且在实际作业中都养成了良好的习惯		
3.4	企业对员工进行相关工作安全的培训	没有对员工进行必要的安全培训		
		对员工进行必要的安全培训，但没有验证其训练结果		
		进行安全培训，且对培训效果进行了必要的检验		
3.5	企业没有必要的事故预防设施（如消防栓）	没有事故预防设施		
		有事故预防设施，但没有定期检查		
		有事故预防设施，且进行定期检查		
3.6				
3.7				
小计				

表 1-10 供应商评价表(物流管理)

供应商名称: 年 月 日

序号	评审内容	评审标准	赋分	得分
4. 物流管理				
4.1	有物料编号,以区分不同的物料	物料识别凭借经验,没有标准的编号系统		
		有物料识别的编号系统,采取条码系统进行物料识别		
		有物料识别的编号系统,使用RFID(射频识别)技术进行物料的识别		
4.2	零件、成品、半成品都有不同的存放仓库	混合使用仓库		
		有不同的区域存放零件、成品及半成品		
		有专门的原料库、半成品库、成品库		
4.3	仓储条件、环境及防护设施	环境混乱、阴暗潮湿,物料堆放区域没有合理划分,没有必要的安全防护设施		
		库房干净整洁,通风干燥,但没有监控的方法		
		库房干净整洁,物料堆放区域划分合理,标识清晰,并有适当的监控手段		
4.4	遵循先进先出的规则,与零件、材料的储藏安排、标识和FIFO(先进先出)相关的工具	没有零件及材料的储藏安排和标识,无法做到FIFO		
		对于零件及材料有合理的储藏安排和标识,但FIFO执行情况不全面		
		对零件及材料有合理的储藏安排和标识,依照FIFO安排使用物料		
4.5	产品送达能力	没有自有车辆,应用第三方物流		
		拥有自有车辆,但没有专职送货人员		
		拥有自有货运车辆,专职的车辆人员和货运司机		
4.6	使用信息化物流管理系统	没有信息化物流管理系统及相关物流软件		
		没有信息化物流管理系统,应用单独的仓储管理系统或运输管理系统		
		使用完善的信息化物流管理系统		
4.7				
4.8				
小计				

表 1-11　供应商评价表（技术及设备管理）

供应商名称：　　　　　　　　　　　　　　　　　　　　　　　　　　年　　月　　日

序号	评审内容	评审标准	赋分	得分
5. 技术及设备管理				
5.1	企业建有设备的档案资料，档案资料包括设备清单、维修及定期保养记录等档案	没有建立设备档案资料		
		建有设备档案资料，但档案的内容资料不全		
		对于每一台设备都有独立的档案资料，且有完整的设备清单		
5.2	设备的平均年龄	10年以上		
		5 ~ 10年		
		3 ~ 5年		
		3年以内		
5.3	企业所拥有的机械设备能够满足采购物料的需求	不能满足需求		
		目前不能完全满足需求，但有设备的采购计划，根据计划可满足需求		
		现有设备完全满足需求		
5.4	是否有足够必要的检验仪器设备	没有必要的检验仪器设备		
		有必要的检验仪器设备，可基本满足产品检验需求，但无校验管理人员		
		有足够必要的检验仪器设备，满足产品检验需求，有专职的校验管理人员		
5.5	企业具有设备维修及管理能力	没有维修设备的能力，只能全部委托外协处理		
		有部分自行维修能力，管理能力不健全		
		完全能自行进行设备的维修和管理		
5.6	是否配备了专职的ERP系统管理操作员	没有专职的ERP系统管理操作人员		
		有专职的ERP系统管理操作人员		
5.7				
小计				

表 1-12　供应商评价表（售后服务）

供应商名称：　　　　　　　　　　　　　　　　　　　　　年　　月　　日

序号	评审内容	评审标准	赋分	得分
6. 售后服务				
6.1	企业有较全面的售后服务体系	没有售后服务体系		
		有售后服务体系，但执行力度不够		
		有完善的售后服务体系，且执行情况良好		
6.2	积极快速反馈客户反映	售后服务人员未能及时反馈客户信息		
		售后服务人员能及时反馈客户信息，但是未能及时解决问题		
		售后服务人员不但能及时反馈客户信息，同时也能高效迅速地解决问题		
6.3	专业的售后服务人员	售后服务人员未经过专业培训		
		售后服务人员经过培训，但未测试培训结果		
		售后服务人员经过系统培训，且通过培训测试并合格		
6.4				
小计				

表 1-13　供应商评价表（KPI 指标）

供应商名称：　　　　　　　　　　　　　　　　　　　　　年　　月　　日

序号	评审内容	评审标准	赋分	得分
7. KPI 指标（此项得分 = 赋分 × 关键指标值）				
7.1	质量合格率	合格件数 / 抽样件数 ×100%		
7.2	交货准时率	准时次数 / 总交货次数 ×100%		
7.3	按时交货量率	期内实际交货量 / 期内应交货量 ×100%		
7.4				
7.5				
7.6				
7.7				
小计				

表 1-14　供应商评价成绩汇总表

序号	评价内容	赋分	权重/%	该项得分								
				供应商 A			供应商 B			供应商 C		
				得分	折合百分制得分 /%	加权重得分	得分	折合百分制得分 /%	加权重得分	得分	折合百分制得分 /%	加权重得分
		1	2	3	4=3÷1×100%	5=4×2	6	7=6÷1×100%	8=7×2	9	10=9÷1×100%	11=10×2
1	经营及业务管理											
2	品质管理											
3	生产及安全管理											
4	物流管理											
5	技术及设备管理											
6	售后服务											
7	KPI											
合计												
分级结果												

评价组组长：　　　　评价组成员：　　　　评价日期：

表 1-15　合格供应商清单

序号	供应商名称	供应产品名称	联系人	备注

拟制人:　　　　　　　　　　　　审核:　　　　　　　　　　　　日期:

表 1-16　供应商评价问题清单

供应商名称:　　　　　　　　　　　　　　　　　　　　　　　　年　　月　　日

序号	评价要点	扣分描述	建议措施

存在风险:

管理措施:

（四）实训报告

填写实训报告，见表 1-17。

表 1-17　实训报告

姓名		学号	
专业		班级	
实训日期		指导教师	
实训项目			
实训收获及反思			

02 项目二

Chapter

数字化采购

学习目标

素养目标

- 树立敬业精神、安全意识、节约意识和劳动意识
- 培养良好的沟通能力和团队合作能力
- 培养基于供应链管理的采购全局观
- 培养成本意识，能够有效降低采购成本
- 具备采购人员职业操守，能够廉洁奉公，公平采购

知识目标

- 掌握从事采购管理与库存控制必需的基础知识
- 掌握采购作业的基本理论和基本方法
- 熟悉采购作业计划编制的工作流程

技能目标

- 能够完成采购作业准备
- 能够制订采购计划
- 能够完成采购预算等相关采购文件的编制

建议学时： 4 ~ 8 课时

思维导图

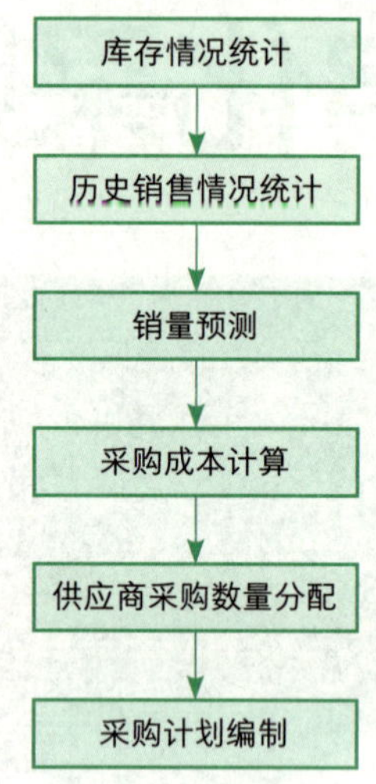

一、项目概述

根据市场预测与物料需求计划（material requirement planning，MRP）的运算结果，结合库存信息与库存控制策略，确定采购量与采购预算，选择正确的采购方式，完成中长期和短期采购计划编制，并利用 ERP 系统完成采购信息发布。

二、工作依据

- 《中华人民共和国民法典》
- 《中华人民共和国政府采购法》
- 《中华人民共和国政府采购法实施条例》
- 《国有工业企业物资采购管理暂行规定》
- 《政府采购管理暂行办法》
- 《政府采购非招标采购方式管理办法（征求意见稿）》
- 《零售商采购规程》（GB/T 33493—2017）

三、场地与设备要求

（一）场地要求

在物流软件实训室或具备计算机操作环境的实训室进行。实训场所面积至少 80 m^2，能够满足每个班 40 人同时开展编制采购计划实训教学项目。

（二）设备要求

1. 计算机

（1）主要功能：用于完成采购作业计划编制和电子订货系统（electronic ordering system，EOS）订单发布的硬件基础。

（2）技术要求：见《高等职业学校物流管理专业实训教学条件建设标准》中的“表6　物流软件实训室设备要求”。

2. Office 办公系统

（1）主要功能：用于进行采购相关数据的统计分析、采购作业计划撰写。

（2）技术要求：Microsoft Office 2013 以上版本或 WPS Office。

3. ERP 软件

（1）主要功能：用于进行企业采购、生产、销售、财务等业务信息化运作管理，实现企业资源优化配置。

（2）技术要求：见《高等职业学校物流管理专业实训教学条件建设标准》中的“表7　生产物流实训室设备要求”。

四、项目岗位能力要求

该项目面向数字化采购的主要工作内容、基本技术、相关知识、技能要求、职业素养，如表 2-1 所示。

表 2-1 数字化采购岗位能力要求

职业岗位	主要工作内容	基本技术	相关知识	技能要求	职业素养
采购经理	采购计划管理	整理分析产品需求、报价、供货、库存等信息	MRP、物料需求管理、供应商管理	能够汇总企业物料需求；能够实时掌握物料的库存情况，及时补充库存；能够掌握供货渠道，熟悉供应商信息，适当分配采购数量	在整理分析采购物料各类信息时，坚持树立敬业精神、安全意识、节约意识和劳动意识； 发挥良好的团队沟通能力和合作能力，本着能够有效降低采购成本，完成编制采购计划所需的各种数据资料的整理工作
		编制采购计划	采购计划编制流程、采购计划内容	能够组织编制月度、季度和年度（短期和中长期）采购计划	树立敬业精神、安全意识、节约意识和劳动意识，认真编制采购计划； 培养基于供应链管理的采购全局观
采购员	采购预算管理	编制采购预算	采购预算的计算方法	能够根据采购计划组织编制采购预算	培养成本意识，能够有效降低采购成本； 具备采购人员的职业操守，能够廉洁奉公，公平采购
	采购信息管理	发布采购信息	ERP系统应用	能够利用ERP系统向供应商发布采购信息	培养基于供应链管理的采购全局观

五、考核评价标准

数字化采购考核评分表如表 2-2 所示。

表 2-2 数字化采购考核评分表

专业　　　　　　　　　　班级　　　　　　　　　　姓名（小组）

考核项目	评分标准及说明	项目分值 / 分
采购计划管理	完成库存清单，库存信息填写正确得9分；每错扣1分，每种货物最多扣3分	9
	完成销售量预测，数据填写合理得8分；每错扣1分，每个季度最多扣2分	8
	完成采购价格成本表，正确得4分；每错扣0.5分，最多扣4分	4
	完成采购质量成本表，正确得7分；每错扣0.5分，每个供应商最多扣2分，最多扣7分	7
	完成采购物流成本表，正确得10分；每错扣0.5分，每个供应商最多扣3分，最多扣10分	10
	完成采购成本表中总成本和供应商排名，正确得4分；每错扣1分，最多扣4分	4
	完成年度采购计划，缮制合理得20分；每月采购量不合理扣1分，超出供应商每月可供货次数和批量扣1分，采购订单发出时间与采购到达时间差，小于交货提前期扣1分，每季度最多扣5分	20
采购预算管理	完成年度采购预算表，缮制合理得20分；每月采购价格不合理扣1分，供应商选择不合理或与年度采购计划表不一致扣1分，预算金额每错扣1分，每季度最多扣5分	20
采购信息管理	完成月度采购计划表，缮制合理，正确录入ERP系统，得18分；采购商品信息错误扣1分，采购数量不合理扣2分，预算金额错误扣2分，资金来源不合理扣2分，时间安排不合理扣2分，拨付方式不合理扣1分；系统录入操作错误，每次扣2分，最多扣8分	18
合计		100

考核日期：　　年　月　日

六、技能训练内容

（一）资料包

王顶堤便民药店（以下简称“药店”）从 ERP 系统查询到口罩的相关资料如表 2-3 至表 2-8 所示。

表 2-3　药店库存清单（截至上一年度 1 月 1 日）

物品名称	数量	单位	规格	箱装数（固定值）
医用防护口罩	19	箱	165 mm × 90 mm × 90 mm	50只
医用外科口罩	5	箱	300 mm × 400 mm × 150 mm	300只
N95口罩	22	箱	180 mm × 100 mm × 80 mm	30只

表 2-4　医用防护口罩上一年度出入库明细

月份	单位	入库	出库
1月份	箱	20	22
2月份	箱	21	18
3月份	箱	19	16
4月份	箱	18	20
5月份	箱	18	16
6月份	箱	15	12
7月份	箱	10	11
8月份	箱	8	13
9月份	箱	10	10
10月份	箱	12	14
11月份	箱	15	18
12月份	箱	18	23

表 2-5　医用外科口罩上一年度出入库明细

月份	单位	入库	出库
1月份	箱	6	8
2月份	箱	8	7

续表

月份	单位	入库	出库
3月份	箱	6	7
4月份	箱	7	6
5月份	箱	6	5
6月份	箱	5	3
7月份	箱	5	4
8月份	箱	5	4
9月份	箱	6	7
10月份	箱	7	7
11月份	箱	6	8
12月份	箱	7	9

表 2-6　N95 口罩上一年度出入库明细

月份	单位	入库	出库
1月份	箱	16	15
2月份	箱	14	16
3月份	箱	15	14
4月份	箱	14	10
5月份	箱	8	11
6月份	箱	8	7
7月份	箱	5	6
8月份	箱	5	3
9月份	箱	3	4
10月份	箱	5	11
11月份	箱	7	14
12月份	箱	10	17

表 2-7　医用外科口罩销售情况汇总表

月份	单位	近四年销售情况			
		第一年	第二年	第三年	上一年度
1月份	只	1677	1016	1952	2218
2月份	只	1387	1797	1129	2169
3月份	只	1687	1335	1648	2046
4月份	只	1638	1930	1225	1936
5月份	只	1433	1605	1065	1392
6月份	只	1051	1121	1202	975
7月份	只	1026	1073	970	1039
8月份	只	1256	1275	1086	1193
9月份	只	1235	1397	1664	2084
10月份	只	1642	1289	1954	2255
11月份	只	1840	1753	1752	2488
12月份	只	1325	1082	1243	2712

表 2-8　药店医用外科口罩供应商信息表

供应商名称	产品价格/（元/只）	合格品率/%	交货提前期/天	每月可供货次数/次	供货批量/只
天医	2.27	97.2	20	1	2000
优品	2.31	98.6	15	1	1800
悠防	2.32	99.5	3	3	600
天明	2.29	97.8	7	2	900

① 四个供应商的医用外科口罩如果出现缺陷，需要退货处理时，每只口罩不合格品缺陷处理成本均为每件2元。
② 应用公式：安全库存=$Z \cdot \sigma \cdot \sqrt{LT}$，计算各供应商批量供应的安全库存，按照客户满意度（95%）确定系数，取Z=1.65；σ为标准差，取σ=15；LT为交货提前期，由此计算安全库存。
③ 医用外科口罩的库存维持成本，按实际库存价值的15%计算

动画：采购业务流程

（二）作业或设计要求

（1）根据上一年度药店各类口罩的年初库存、月度实际出入库情况，计算各类口罩截至上一年度 12 月 31 日的实际库存余量，填制王顶堤便民药店库存清单见表 2-9。

（2）根据近四年的年度医用外科口罩销售情况，完成药店本年度医用外科口罩需求预测，填制药店本年度医用外科口罩销售量预测表 2-10，完成采购数量计划表，录入 ERP 系统。

（3）综合考虑医用外科口罩合作供应商的供应价格、供货质量、物流服务等情况，根据全年医用外科口罩的需求结果，填制采购价格成本表、采购质量成本表和采购物流成本表（见表 2-11 至表 2-13），计算四个备选供应商的医用外科口罩采购成本，填制医用外科口罩采购成本表（见表 2-14）。选择最优供应商进行采购，如最优供应商的供货能力不足时，则剩余供货从综合排名第二位的供应商处采购，以此类推，给供应商分配预期采购数量。

（4）编制本年的年度采购计划表，见表 2-15，录入 ERP 系统。

（5）根据本年的年度采购计划表，按照供应商产品价格和预计采购数量，编制本年的年度采购预算表，见表 2-16，录入 ERP 系统。

（6）由于本年 1 月流行性感冒患者数量大增导致医用外科口罩市场需求增加，口罩库存消耗殆尽，根据药店服务周边社区规模（常住人口 1.2 万人，每只口罩使用时长累计不超过 4 小时，需每日更换），计算市场需求，结合供应商的供货能力，制定本年度 2 月采购计划表，见表 2-17，录入 ERP 系统。

（7）利用 ERP 系统，向指定供应商发布月度采购信息。

（三）作业项目所需账、卡、表、单

表 2-9　药店库存清单（截至上一年度 12 月 31 日）

物品名称	数量	单位	规格 /mm	箱装数（固定值）
医用防护口罩				
医用外科口罩				
N95口罩				

表 2-10　药店本年度医用外科口罩销售量预测表

产品类别	产品名称	本年度第 1 季度			本年度第 2 季度			本年度第 3 季度			本年度第 4 季度			合计
		1月	2月	3月	4月	5月	6月	7月	8月	9月	10月	11月	12月	

表 2-11　采购价格成本表

供应商	价格 /（元 / 只）	排名
天医		
优品		
悠防		
天明		

表 2-12　采购质量成本表

供应商	缺陷率	缺陷量 /（只 / 年）	缺陷处理成本 / 元	质量成本 /（元 / 只）	质量成本 + 价格 /（元 / 只）	排名
天医						
优品						
悠防						
天明						

表 2-13　采购物流成本表

供应商	安全库存/只	安全库存价值/元	订货批量库存价值/元	预防缺陷库存价值/(元/只)	实际库存总价值/元	库存维持费用/元	物流成本/(元/只)
天医							
优品							
悠防							
天明							

表 2-14　医用外科口罩采购成本表

供应商	价格/(元/只)	质量成本/(元/只)	物流成本/(元/只)	总成本/(元/只)	排名
天医					
优品					
悠防					
天明					

表 2-15　年度采购计划表

<table>
<tr><td colspan="3">产品类别</td><td colspan="4"></td></tr>
<tr><td colspan="3">产品名称</td><td colspan="4"></td></tr>
<tr><th colspan="3">时间</th><th>采购数量</th><th>供应商</th><th>采购订单发出时间</th><th>采购到达时间</th></tr>
<tr><td rowspan="12">本年度</td><td rowspan="3">第1季度</td><td>1月</td><td></td><td></td><td></td><td></td></tr>
<tr><td>2月</td><td></td><td></td><td></td><td></td></tr>
<tr><td>3月</td><td></td><td></td><td></td><td></td></tr>
<tr><td rowspan="3">第2季度</td><td>4月</td><td></td><td></td><td></td><td></td></tr>
<tr><td>5月</td><td></td><td></td><td></td><td></td></tr>
<tr><td>6月</td><td></td><td></td><td></td><td></td></tr>
<tr><td rowspan="3">第3季度</td><td>7月</td><td></td><td></td><td></td><td></td></tr>
<tr><td>8月</td><td></td><td></td><td></td><td></td></tr>
<tr><td>9月</td><td></td><td></td><td></td><td></td></tr>
<tr><td rowspan="3">第4季度</td><td>10月</td><td></td><td></td><td></td><td></td></tr>
<tr><td>11月</td><td></td><td></td><td></td><td></td></tr>
<tr><td>12月</td><td></td><td></td><td></td><td></td></tr>
<tr><td colspan="3">合计</td><td></td><td></td><td></td><td></td></tr>
</table>

表 2-16　年度采购预算表

产品类别						
产品名称						
时间			采购价格	采购数量	预算金额	供应商
本年度	第1季度	1月				
		2月				
		3月				
	第2季度	4月				
		5月				
		6月				
	第3季度	7月				
		8月				
		9月				
	第4季度	10月				
		11月				
		12月				
合计						

表 2-17　本年度 2 月采购计划表

商品名称	供应商	数量	单价 /（元 / 只）	总价 / 元	资金来源				预计采购时间	预计到货时间	直接拨付	
					预算内	预算外	其他	合计			是√	否√
合计												

（四）实训报告

填写实训报告，见表 2-18。

表 2-18 实训报告

姓名		学号	
专业		班级	
实训日期		指导教师	
实训项目			
实训收获及反思			

03 项目三

Chapter

运输作业优化

学习目标

素养目标

- 树立敬业精神、安全意识、节约意识和劳动意识
- 培养良好的沟通能力和团队合作能力
- 具备地理信息分析能力
- 培养成本意识，能够有效降低运输成本
- 具备货运管理人员职业操守，能够做到廉洁奉公

知识目标

- 掌握从事货物运输作业的基础知识
- 掌握制订货运计划的基本理论和基本方法
- 熟悉货运业务流程

技能目标

- 能够完成货运量计划、车辆运用计划的编制
- 能够完成日货物分线运输安排
- 能够按照货物运输任务要求，完成运输工具、运输路线的选择
- 能够完成运费的计算

建议学时： 4 ~ 8 课时

思维导图

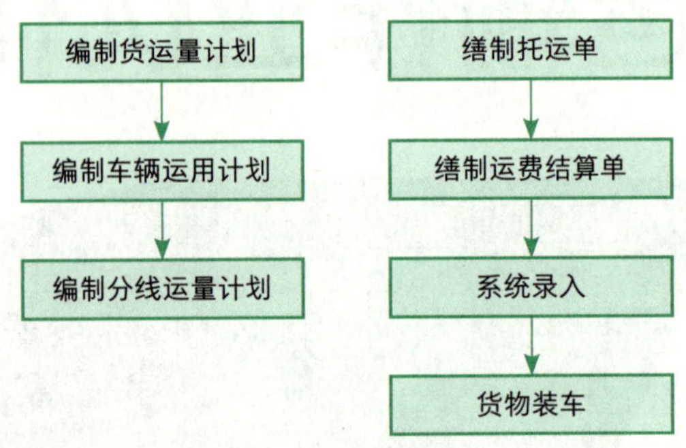

一、项目概述

以历史运输数据为依据，制订货运量计划、货物运输计划、车辆运用计划，针对货运任务要求，选择适当的运输方式、运输工具、运输路线，完成运输调度作业与运费计算。

二、工作依据

- 《中华人民共和国民法典》
- 《中华人民共和国道路交通安全法》
- 《中华人民共和国道路交通安全法实施条例》
- 《中华人民共和国公路法》
- 《中华人民共和国道路运输条例》
- 《道路货物运输及站场管理规定》
- 《道路运输车辆技术管理规定》
- 《道路运输从业人员管理规定》
- 《道路运输术语》(GB/T 8226-2023)

三、场地与设备要求

(一) 场地要求

在运输实训室进行。实训场所面积至少 80 m^2，能够满足每个班 40 人同时开展运输作业优化实训教学项目。

（二）设备要求

1. 计算机

（1）主要功能：用于完成货物运输计划编制和 TMS 系统应用的硬件基础。

（2）技术要求：见《高等职业学校物流管理专业实训教学条件建设标准》中的“表 5 运输实训室设备要求”。

2. Office 办公系统

（1）主要功能：用于进行货物运输计划编写、车辆调度方案和货运费用计算。

（2）技术要求：Microsoft Office 2013 以上版本或 WPS Office。

3. 运输管理系统

（1）主要功能：用于运输作业和相关业务的管理。

（2）技术要求：见《高等职业学校物流管理专业实训教学条件建设标准》中的“表 5 运输实训室设备要求”。

4. 模拟厢式货车

（1）主要功能：用于货物的装卸作业。

（2）技术要求：见《高等职业学校物流管理专业实训教学条件建设标准》中的“表 5 运输实训室设备要求”。

四、项目岗位能力要求

该项目面向运输作业优化的主要工作内容、基本技术、相关知识、技能要求、职业素养，如表 3-1 所示。

表 3-1　运输作业优化岗位能力要求

职业岗位	主要工作内容	基本技术	相关知识	技能要求	职业素养
运输调度	编制货运计划	货运数据分析；货物运输量、货运车辆等计划编制	货物运输计划、车辆基础知识	能够完成货运量计划、车辆运用计划编制；能够完成日货物分线运输安排	培养良好的沟通能力和团队合作能力； 培养成本意识，能够有效降低运输成本
	分配货运任务	运输工具选择、运输路线选择、车辆调度	配线、派车和调度相关知识	能够按照货物运输任务要求，选择适当的运输工具、运输路线	树立敬业精神、安全意识、节约意识和劳动意识； 培养良好的沟通能力和团队合作能力； 具备地理信息分析能力，能够有效地完成货运任务
	运费结算	运费计算	运费的构成与计算、单据内容缮制	能够完成货运单据的缮制和运费的计算	培养成本意识，能够有效降低运输成本； 具备货运管理人员职业操守，能够做到廉洁奉公

五、考核评价标准

运输作业优化考核评分表见表 3-2 所示。

表 3-2　运输作业优化考核评分表

专业　　　　　　　　　　　班级　　　　　　　　　　　姓名（小组）

考核项目	评分标准及说明	项目分值 / 分
编制货运计划	完成货运量计划，编制合理得10分；本年度计划每错扣1分，最多扣10分	10
	完成车辆运用计划，编制合理得20分；每错扣0.5分，最多扣20分	20
	完成货物分线运量表，编制合理得18分；运输线路错误，每条线路扣2分，最多扣8分；其余每错扣0.5分，最多扣10分	18
分配货运任务	完成运输路线示意图，绘制正确得12分；运输线路选择不合理，扣6分；绘制线路、节点标记不准确，每错扣2分，最多扣6分	12
	完成货物运输托运单，编制合理，TMS（运输管理）系统录入准确得15分；托运人、收货人信息错误，每项扣1分，最多扣2分；货物信息错误，每错扣1分，最多扣4分；计费质量错误，扣4分；TMS系统录入操作错误，每次扣2分，最多扣5分	15
	完成货物装载示意图，货物装车正确得10分；不合理扣4分；装车顺序不正确，扣2分；装车过程中，有货物坠落，每次扣2分，最多扣4分	10
运费结算	完成运费结算单，编制合理得15分；托运人、收货人信息错误，每错扣1分，最多扣2分；车型选择不正确，扣2分；货物信息错误，每错扣1分，最多扣4分；运费计算错误，每错扣2分，最多扣5分；拼车情况错误，扣1分；运费合计错误，扣1分	15
合计		100

考核日期：　　年　月　日

六、技能训练内容

（一）资料包

1. 资料包 1

天成货运公司本年度预计完成货运总量 125 000 t，其中，本年度 1—3 季度完成 93 493 t，预计第 4 季度完成 31 507 t，货物周转量 10 000 000 t · km。其中食品货运量 55 000 t，日用品货运量 40 000 t，服装货运量 23 000 t，其他产品货运量 7 000 t。在预计下一年度计划各项目均比本年度实际提高 12% 的基础上，预估下一年度及季度的计划值，完成年度货运计划。

2. 资料包 2

（1）天成货运公司第一季度平均营运车辆数为 100 辆，其中额定载质量[①]为 10 吨的车辆 40 辆，额定载质量为 20 t 的车辆 60 辆。经分析测算，全年平均车辆完好率可达 93%，工作率为 90%，技术速度为 50 km/h，工作车时利用率为 60%，平均每天出车时间为 10 小时，里程利用率为 70%，重车载质量利用率（即吨位利用率）为 100%。运输量计划中显示的平均运距为 80 km，货物周转量为 12 000 000 t · km。

主要运算公式如下：

$$车辆完好率 = \frac{计算期营运车辆完好总天数}{同期营运车辆总天数} \times 100\%$$

$$车辆工作率 = \frac{计算期营运车辆工作总天数}{同期营运车辆总天数} \times 100\%$$

$$平均车日行程 = \frac{计算期内总行程}{计算期工作车日}$$

$$里程利用率 = \frac{载重行程}{车辆总行程} \times 100\%$$

$$吨位利用率 = \frac{计算期完成货物周转量}{同期载重行程载质量} \times 100\%$$

$$实载率 = \frac{计算期完成货物周转量}{同期总行程载质量} \times 100\%$$

$$拖运率 = \frac{计算期内挂车周转量}{同期总周转量} \times 100\% = \frac{计算期内挂车周转量}{同期主车周转量 + 挂车周转量} \times 100\%$$

$$单车期产量 = \frac{计算期全部营运车辆完成的周转量}{同期内平均营运车辆数}$$

$$车吨位期产量 = \frac{计算期全部营运车辆完成的周转量}{同期内平均总吨位}$$

① 注：载质量，也称载重量。

(2) 计划 3 月 12 日货运任务如下:

① 格力电器托运空调 500 台，共 10 t，自北京丰台配送中心至天津港保税仓库，运距 173 km。

② 1 号店托运黄桃罐头 2 400 箱，自中国农业科学院作物科学研究所至天津农学院。

③ 天津生鲜供应公司托运苹果 45 t (4 500 箱，每箱 10 kg)，自天津蓟州区果蔬基地至北京农贸批发市场，运距 126 km。

④ 天津未来机械厂托运机床 5 台，每台 6.5 t，自天津滨海保税仓库至天津武清开发区，运距 98 km。

⑤ 河北廊坊小商品商贸公司托运日用品 200 箱，每箱 30 kg，自廊坊市小商品城至北京通州未来仓库，运距 75 km。

⑥ 天津静海农产品贸易公司托运黄瓜 500 箱，共 50 t。自天津静海农产品仓库至北京农贸批发市场，运距 140 km。

(3) 1 号店托运黄桃罐头任务的具体托运信息如下:

① 3 月 12 日，1 号店采购的大宗商品由物流公司上门提货。采购订单如表 3–3 所示。

表 3–3 采购订单

采购单编号: R20200509　　　　计划到货时间: 3月12日

序号	商品名称	包装规格（长 × 宽 × 高）	单价 /（元 / 箱）	质量 /（kg/ 箱）	订购数量 / 箱
1	黄桃罐头	460 mm × 260 mm × 180 mm	180	7.5	2 400

3 月 10 日，1 号店向中国农业科学院作物科学研究所采购一批黄桃罐头，委托物流企业上门提货，物品信息如表 3–4 所示。

表 3–4 物品信息

供货商	单位: 中国农业科学院作物科学研究所 地址: 北京市海淀区农科大道25号 联系人: 张新生 电话: 1392017****
收货人	单位: 天津农学院 地址: 天津市西青区津同公路19号 联系人: 赵树明　电话: 1562298****
装货地点	北京市海淀区农科大道25号

续表

卸货地点	天津市西青区津同公路19号
物品信息	黄桃罐头、纸箱包装规格（长×宽×高）460 mm×260 mm×180 mm，质量7.5 kg/箱，数量2 400箱，单价180元/箱
运杂费标准	普通货物天津—北京的基础运价为300元/t，重货（每m^3质量≥333 kg）按实际质量计费，轻货（每m^3质量不足333 kg）按折算质量计费。装车费15元/t，卸车费12元/t，保价费为货物声明价值的0.3%，托运人可自愿选择是否保价

② 可调用车型车辆信息。

车型一：7.2 m 厢车，可调用车辆数 40 辆。

车厢内尺寸 7.2 m × 2.3 m × 2.7 m，最大载质量为 10 t，车辆在高速公路上空驶平均油耗 0.2 l/km，重驶平均油耗增加 4 l/kt · km。车辆在其他道路上空驶平均油耗 0.26 l/km，重驶平均油耗增加 6 l/kt · km。司机平均日工资 350 元（不考虑工作时长），高速公路过路过桥费平均 1.0 元 /km，其他费用忽略不计。

车型二：9.6 m 厢车，可调用车辆数 60 辆。

车厢内尺寸 9.6 m × 2.3 m × 2.7 m，最大载质量为 20 t，车辆在高速公路上空驶平均油耗 0.25 l/km，重驶平均油耗增加 8 l/kt · km。车辆在其他道路上空驶平均油耗 32 l/km，重驶平均油耗增加 12 l/kt · km。司机平均日工资 600 元（不考虑工作时长），高速公路过路过桥费平均 1.6 元 /km，其他费用忽略不计。

③ 天津到北京的行驶线路。

a. 天津到北京的高速公路全程 150 km，预计行驶 2.5 h，收取过路过桥费。

b. 天津到北京国道 140 km，预计行驶 4.25 h，无过路桥费。

无论选择哪条线路，车辆均在 24 h 内返回。

④ 车辆行驶时间成本。

车型一的行驶时间成本为 100 元 /h，车型二的行驶时间成本为 150 元 /h。

⑤ 燃油价格 6.8 元 /l。

（二）作业或设计要求

（1）作为货运企业，根据货运量与货物周转量本年度的实绩，在预计下一年度计划比本年度实绩提高比较结果的基础上，预估下一年度及季度的计划值，完成年度货运量计划，填制表 3-5。

（2）根据各项车辆运用效率指标的计划值，编制车辆运用计划，填制表 3-6。

（3）根据 3 月 12 日货运任务计划在图 3-1 处绘制运输路线示意图，并标出运输节点，核对并更正运输距离。

虚拟仿真：
冷藏车

虚拟仿真：
集装箱货车

虚拟仿真：
厢式货车

(4) 根据3月12日货物任务计划，编制货物分线运量表，填制表3-7，并完成TMS系统货运任务信息录入。

(5) 根据1号店托运黄桃罐头货运任务的托运信息，完成以下工作：

① 填写货物运输托运单，见表3-8，并完成TMS系统托运单生成。

② 从成本节约角度选择合适的车型车辆、运输线路并派车，完成TMS系统配线、派车和调度工作。

③ 根据托运单完成运费计算，填制运费结算单，见表3-9。

④ 根据托运单要求，在图3-2处画出货物装载示意图，并完成货物装货作业。

（三）作业项目所需账、卡、表、单

表 3-5 货运量计划

年度

指标		单位	本年度预计完成	下一年度计划					下一年度计划与本年度预计比较
				全年	第一季度	第二季度	第三季度	第四季度	
货运量		t							
货物周转量		t·km							
货物分类运量	食品	t							
	日用品	t							
	服装	t							
	其他	t							

图 3-1 运输路线示意图

表 3-6　车辆运用计划

序号	指标	单位	计算过程	计划值
1	营运车日	车日		
2	平均营运车数	辆		
3	平均总吨位	吨位		
4	平均吨位	吨位		
5	车辆完好率	%		
6	车辆工作率	%		
7	工作车日	车日		
8	工作车时利用率	%		
9	平均车日行程	km		
10	总行程	km		
11	里程利用率	%		
12	载重行程	km		
13	载重行程载重量	t · km		
14	吨位利用率	%		
15	可完成周转量	t · km		
16	平均运距	km		
17	可完成货运量	t		
18	车吨位季产量	t · km		
19	单车季产量	t · km		
20	车千米产量	t · km		

表 3-7　货物分线运量表

年　月　日

线路（城市间）	编号	托运单位	货名	运输线路			运量 /t
				起点	终点	里程	

表 3-8　货物运输托运单

编号:　　　　　　　　　　　　　　　　　　　　　　　　　　　　　　　　年　　月　　日

托运人:	电话:	装货地点:
收货人:	电话:	卸货地点:

货物名称	性质	包装或规格 /mm	件数	实际质量 /t	计费质量 /t	货物声明价值 / 元	计费项目			货物核实记录
							运费 / 元	装卸费 / 元	保价费 / 元	
注意事项	① 货物名称应填写具体品名，如货物品名过多，不能在托运单内逐一填写，必须另附货物清单 ② 保险或保价货物，在相应价格栏内填写货物声明价值									

表 3-9　运费结算单

编号:　　　　　　　　　　　　　　　　　　　　　　　　　　　　　　　　年　　月　　日

托运人:	电话:	装货地点:
收货人:	电话:	卸货地点:
车型:	电话:	驾驶员:

货物名称	性质	包装或规格 /mm	件数	质量 /t	体积 /m^3	运输路线	运距	计费项目			拼车情况
								运费 / 元	装卸费 / 元	保价费 / 元	
运费合计	大写:__________				¥:_______						

图 3-2　货物装载示意图

（四）实训报告

填写实训报告，见表 3-10。

表 3-10　实训报告

姓名		学号	
专业		班级	
实训日期		指导教师	
实训项目			
实训收获及反思			

04 项目四

Chapter

测量作业现场

学习目标

素养目标

- 树立敬业精神、安全意识、节约意识和劳动意识
- 培养学生精益求精的工匠精神
- 培养学生的物流作业优化意识

知识目标

- 掌握仓储功能布局特点
- 掌握仓储布局的规范要求
- 掌握仓储仓容定额指标分析
- 掌握仓容利用率指标分析

技能目标

- 能够根据现场测量及分析计算仓库使用空间
- 能够根据现场测量及分析计算仓库存储容积
- 能够结合存储现状确定仓容定额

建议学时： 2 ~ 4 课时

思维导图

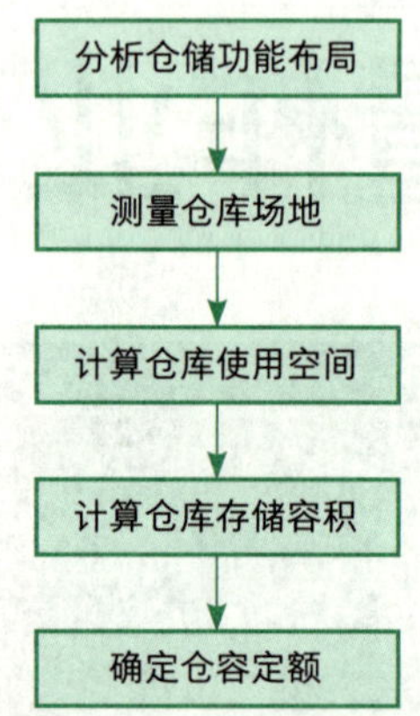

一、项目概述

仓库管理人员通过测量仓库场地及分析仓库建筑设计图，计算出仓库使用空间、存储容积，并结合存储现状，确定仓容定额。

二、工作依据

- 《物流术语》(GB/T 18354—2021)
- 《通用仓库等级》(GB/T 21072—2021)
- 《仓储服务质量要求》(GB/T 21071—2021)
- 《物流中心作业通用规范》(GB/T 22126—2008)
- 《仓储作业规范》(SB/T 10977—2013)

三、场地与设备要求

(一) 场地要求

在仓储实训室进行。实训场所面积至少 200 m^2，能够满足每个班 40 人同时开展仓库基本功能布局实训教学项目。

(二) 设备要求

1. 托盘

(1) 主要功能: 用于货物集结，成组化堆码，便于货物装卸和搬运。

(2) 技术要求: 商务部推荐规格为 1 200 mm × 1 000 mm ; 材质为木制、塑料等; 托盘的高度应匹配货位、运输。

2. 包装箱

(1) 主要功能: 用于保护物品, 方便储运。

(2) 技术要求: 选取 5 种不同规格的纸箱, 各 50 个, 共 250 个。

3. 横梁式货架 (托盘式货架)

(1) 主要功能: 用于成组化货物的仓储业务, 为存储型货架。

(2) 技术要求: 见《高等职业学校物流管理专业实训教学条件建设标准》中的 “表 3 仓储实训室设备要求”。

四、项目岗位能力要求

该项目面向测量作业现场的主要工作内容、基本技术、相关知识、技能要求、职业素养，如表 4-1 所示。

表 4-1　测量作业现场岗位能力要求

职业岗位	主要工作内容	基本技术	相关知识	技能要求	职业素养
仓库主管	测量作业现场	熟悉仓储功能布局	仓储布置	对仓库的各个部分——存储区、入库检验区、理货区、流通加工区、配送备货区、通道，以及辅助作业区在规定范围内进行全面合理的安排	仓储布置要以保障仓储安全为前提，同时优化布局，考虑节约、环保
		计算仓库使用空间	“五距”标准	熟知“五距”标准，时刻保持在进行堆码存储时的货垛“五距”，即墙距、柱距、顶距、灯距和垛距的能力，便于存储货物通风、防潮、散热，安全、方便	要严格执行“五距”标准，培养敬业精神和安全意识
			库房通道标准	根据物品体积的大小和作业机械的要求，进行设计，合理确定仓库通道宽度的能力，通道一般包括主通道和支通道，以及副道	认识仓库空间的价值，培养精益求精的工匠精神
		计算仓库存储容积	货垛垛高的影响因素	根据地坪载荷强度、仓库高度限制和商品的允许堆放高度计算仓库存储容积的能力	货物堆码是要在保证安全情况下，充分利用仓库设备和空间，提高作业效率，培养安全意识、节约意识和物流优化意识
			仓储设施设备结构特点	充分考虑现有的仓库设备条件，科学分区分类，经济、合理、高效地利用仓储设备的能力	
		确定仓容定额	仓容定额的计算方法	根据商品品种、性能和包装特点、仓库技术条件和管理水平等因素来合理确定仓容定额的能力	通过对仓容定额的计算进一步强化安全意识、节约意识、物流优化意识

五、考核评价标准

测量作业现场考核评分表如表 4-2 所示。

表 4-2　测量作业现场考核评分表

专业　　　　　　　　班级　　　　　　　　姓名（小组）

考核项目	评分标准及说明	项目分值 / 分
绘制仓库平面图	仓库布局方式包括U形、I形布局，绘制正确得10分；错一项扣5分，最多扣10分	10
	仓库功能区主要包括办公区、存储区、待验区、理货区、通道等，布局完整得5分；少一项扣1分，最多扣5分	5
	存储区的布置方式包括横列式、纵列式、纵横列式，正确得10分；错一项扣5分，最多扣10分	10
	存储区布局，五距、通道等按标准布置，绘制合理得5分；每错扣1分，最多扣5分	5
	按比例绘制得10分；未按比例绘制，每错扣1分，最多扣10分	10
计算各库房的仓容定额	分别计算各库房的仓容定额，正确得15分；错一项扣5分，最多扣15分	15
计算各库房容积率	分别计算各库房容积率，正确得15分；错一项扣5分，最多扣15分	15
库房存储安排	仓库安排入库任务合理，得30分；错一项扣10分，最多扣30分	30
合计		100

考核日期：　　年　月　日

六、技能训练内容

（一）资料包

1. 基础数据

仓库信息资料如表 4-3 至表 4-6 所示。

表 4-3　仓库信息表

库号	库房使用面积	库高 /m	地坪载荷 /（t/m^2）	仓库布局方式	仓库类型	存储区布置方式	其他
1	30 m × 30 m	4.8	2	I形布局	平置库	横列式	办公区、待检区、整理区设在出入库通道口，总面积为120 m^2，无立柱
2	50 m × 30 m	4.8	2	I形布局	平置库	纵列式	办公区、待检区、整理区设在出入库通道口，总面积为150 m^2，无立柱
3	100 m × 30 m	5.6	3	U形布局	平置库	纵横式	办公区、待检区、整理区设在出入库通道口，总面积为200 m^2，柱子及柱距面积16 m^2

表 4-4　库存信息表（一库房）

品名	包装单元	数量	规格	质量 /（kg/ 箱）	备注
婴儿润肤油	箱	1 820	30 cm × 40 cm × 30 cm	20	限高6层
婴儿湿巾	箱	1 620	39.5 cm × 29.5 cm × 18 cm	7	限高5层
婴儿纸尿裤	箱	1 944	46 cm × 26 cm × 18 cm	5	限高6层
顺心奶嘴	箱	1 944	39.5 cm × 24.5 cm × 18 cm	8	限高6层

表 4-5　库存信息表（二库房）

品名	包装单元	数量	规格	质量 /（kg/ 箱）	备注
大豆蛋白粉	箱	630	60 cm × 40 cm × 32 cm	23	限高3层
小老板方便面	箱	420	60 cm × 35 cm × 33 cm	3	限高2层
可可年糕	箱	630	33 cm × 23.5 cm × 18 cm	8	限高3层
吉欧蒂亚干红葡萄酒	箱	630	46 cm × 26 cm × 25.2 cm	16	限高3层

表 4-6　库存信息表（三库房）

品名	包装单元	数量	规格	质量 /（kg/ 箱）	备注
贝贝营养米粉	箱	2 880	30 cm × 20 cm × 24 cm	10	限高4层
好娃娃薯片	箱	3 600	35 cm × 26 cm × 20 cm	5	限高5层
诚诚杏仁	箱	3 600	40 cm × 30 cm × 26.5 cm	14	限高5层
鑫达坚果	箱	3 600	60 cm × 40 cm × 24 cm	10	限高5层

2. 作业任务

入库通知单如表 4-7 至表 4-9 所示。

表 4-7　入库通知单 1

入库时间　　年　月　日　时

入库编号	品名	包装规格	包装材料	单体毛重 /kg	包装标识限高 / 层	入库总量 / 箱	备注
R10062301	隆达葡萄籽油	350 mm × 235 mm × 180 mm	纸箱	6	6	1 260	

表 4-8　入库通知单 2

入库时间　　年　月　日　时

入库编号	品名	包装规格	包装材料	单体毛重 /kg	包装标识限高 / 层	入库总量 / 箱	备注
R10062302	蜂王浆冻干粉片	400 mm × 300 mm × 275 mm	纸箱	25	5	3 600	

表 4-9　入库通知单 3

入库时间　　　年　　月　　日　　时

入库编号	品名	包装规格	包装材料	单体毛重 /kg	包装标识限高 / 层	入库总量 / 箱	备注
R10062303	休闲白瓜子	600 mm × 400 mm × 375 mm	纸箱	20	6	1 260	

（二）作业或设计要求

（1）根据库房信息或作业现场绘制仓库平面图。

（2）依据仓库信息及仓库平面图计算各库房的仓容定额及容积率。

（3）根据入库任务单合理进行库房存储安排，填制入库任务库房分配表，见表 4-10。

（三）作业项目所需账、卡、表、单

表 4-10　入库任务库房分配表

仓库名称	地坪载荷	存储方式	仓容定额	容积率	入库任务存储安排

（四）实训报告

填写实训报告，见表 4-11。

表 4-11　实训报告

姓名		学号	
专业		班级	
实训日期		指导教师	
实训项目			
实训收获及反思			

05 项目五

收货作业准备

Chapter

学习目标

素养目标

- 树立敬业精神、安全意识、节约意识和劳动意识
- 培养学生的团队协作能力和沟通意识
- 培养学生分析问题、解决问题的能力
- 培养学生的物流作业优化意识

知识目标

- 熟悉验收物品的性能和特点
- 掌握各种仓库类型的存储空间计算指标
- 掌握货物堆码、苫盖材料的基本要求
- 掌握收货单据、报表的填写规范

技能目标

- 能够全面了解验收物品的性能和特点
- 能够根据入库任务合理规划存储空间
- 能够合理选择验收及装卸搬运器械
- 能够合理准备待入库货物堆码和苫盖材料
- 能够准确核对并填写单证和报表
- 能够准确识别并合理选用托盘规格

建议学时： 4 ~ 8 课时

思维导图

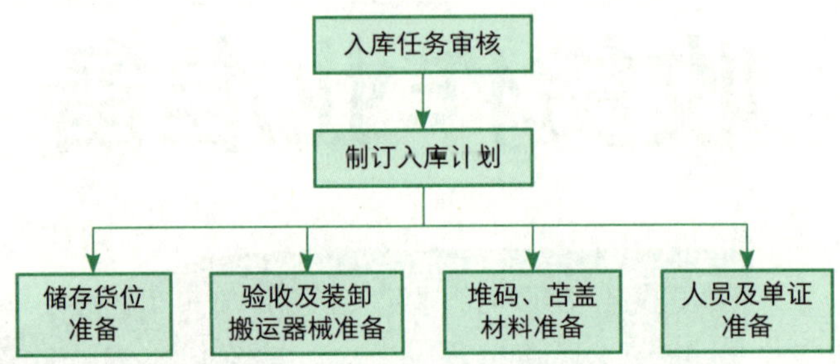

一、项目概述

仓管员接到物品入库预报后予以确认，并根据预报的内容，做好储存货位、装卸机具、人力的准备工作，保证物品到达后及时进行入库作业。

二、工作依据

- 《物流术语》(GB/T 18354—2021)
- 《物流中心作业通用规范》(GB/T 22126—2008)
- 《仓储作业规范》(SB/T 10977—2013)

三、场地与设备要求

(一) 场地要求

在仓储实训室进行。实训场所面积至少 100 m^2，能够满足每个班 40 人同时开展收货作业准备实训教学项目。

(二) 设备要求

1. 装卸工具和搬运工具（叉车、地牛、台车等）

(1) 手动托盘搬运车。

① 主要功能：依靠人力，用于低层货物成组化存取及装卸搬运，主要进行货物的水平位移。

② 技术要求：见《高等职业学校物流管理专业实训教学条件建设标准》中的“表 3 仓储实训室设备要求”。

(2) 物料搬运台车。

① 主要功能: 用于生产物料配送。

② 技术要求: 见《高等职业学校物流管理专业实训教学条件建设标准》中的“表 3 仓储实训室设备要求”。

2. 集货装具 (托盘或周转箱等)

(1) 托盘。

① 主要功能: 用于货物集结、成组化堆码, 便于货物装卸和搬运。

② 技术要求: 商务部推荐规格为 1 200 mm × 1 000 mm ; 材质为木制、塑料等; 托盘的高度应匹配货位、运输。

(2) 周转箱。

① 主要功能: 用于盛装货物并封箱, 可多次周转, 反复使用。

② 技术要求: 材质为塑料抗冲击改性 PP ; 基础尺寸为 600 mm × 400 mm 或与物流模数相匹配。

(3) 料盒。

① 主要功能: 用于存储生产物料。

② 技术要求: 根据实训物料大小选择。

3. 检验工具 (台秤、量尺、计数器)

以地磅为例。

① 主要功能: 用于对运输工具与大宗货物的称重。

② 技术要求: 见《高等职业学校物流管理专业实训教学条件建设标准》中的“表 3 仓储实训室设备要求”。

4. 物品

多种不同属性、不同体积的物品, 如玻璃杯、螺丝钉等。

5. 包装箱

① 主要功能: 用于保护物品, 方便储运。

② 技术要求: 选取 3 种不同规格的包装箱, 各 50 个, 共 150 个。

6. 横梁式货架 (托盘式、货架)

① 主要功能: 用于成组化货物的仓储业务, 为存储型货架。

② 技术要求: 见《高等职业学校物流管理专业实训教学条件建设标准》中的“表 3 仓储实训室设备要求”。

7. 识读设备

(1) 条码扫描器 (一维)。

① 主要功能: 用于一维条码符号进行阅读和译码。

② 技术要求: 见《高等职业学校物流管理专业实训教学条件建设标准》中的“表 3 仓储实训室设备要求”。

(2) 条码扫描器 (二维)。

① 主要功能: 用于二维条码符号进行阅读和译码。

② 技术要求: 见《高等职业学校物流管理专业实训教学条件建设标准》中的“表 3 仓储实训室设备要求”。

(3) 条码打印机。

① 主要功能: 用于一维、二维条码打印。

② 技术要求: 见《高等职业学校物流管理专业实训教学条件建设标准》中的“表 3 仓储实训室设备要求”。

(4) 条码识别系统。

① 主要功能: 用于识别条码所代表的信息。

② 技术要求: 见《高等职业学校物流管理专业实训教学条件建设标准》中的“表 3 仓储实训室设备要求”。

四、项目岗位能力要求

该项目面向收货作业准备的主要工作内容、基本技术、相关知识、技能要求、职业素养，如表 5-1 所示。

表 5-1　收货作业准备岗位能力要求

<table>
<tr><th>职业岗位</th><th>主要工作内容</th><th>基本技术</th><th>相关知识</th><th>技能要求</th><th>职业素养</th></tr>
<tr><td rowspan="7">仓管员</td><td rowspan="7">收货作业准备</td><td>储存货位准备</td><td>货物存储空间占用的分析</td><td>根据预计到货物品的特性、体积、质量、数量和到货时间等信息，结合物品分区、分类和货位管理的要求，预先确定物品的拣货场所和储存位置</td><td>储存货位准备体现了敬业精神，确定储存区域时要考虑存储安全与空间的节约利用，合理的货位准备既培育了分析问题和解决问题的能力，又提升了物流作业优化意识</td></tr>
<tr><td>验收</td><td>收货检验的流程、方法</td><td>仓库理货人员根据物品情况和仓储管理制度，确定验收方法，准备验收所需要的计件、检斤、测试、开箱、装箱、丈量、移动照明等器具</td><td rowspan="2">装备器械准备体现了敬业精神，在选用物流装备、器械时要时刻注意安全保障，在设备使用时要培养积极、努力的工作态度，养成良好的劳动意识和习惯</td></tr>
<tr><td>装卸搬运器械准备</td><td>装卸设备的合理配置</td><td>根据到货物品的特性、货位、设备条件、人员等情况，科学合理地制定卸车搬运工艺，准备好相关作业设备，安排好卸货站台或场地，保证装卸搬运作业效率</td></tr>
<tr><td rowspan="2">堆码、苫盖材料准备</td><td rowspan="2">堆码、苫盖材料的合理选择</td><td>依据到货物品的特性确定好货位后，同时要做好防雨、防潮、防尘、防晒准备，即准备好所需的苫垫材料</td><td rowspan="2">在堆码、苫盖衬垫材料准备工作中体现敬业精神，在材料选择时要考虑到安全、环保、节约，在堆码苫盖材料使用时要培养积极、努力的工作态度，养成良好的劳动意识</td></tr>
<tr><td>衬垫材料应根据货位位置和到货物品特性进行合理选择</td></tr>
<tr><td rowspan="2">人员及单证准备</td><td>收货作业人员配置</td><td>按照到货物品的入库时间和到货数量，按计划安排好接运、卸货、检验、搬运物品的作业人员</td><td rowspan="2">在人员及单据准备时要积极融入团队，培养团队的协作能力和沟通意识</td></tr>
<tr><td>单据、报表确认</td><td>仓管员对物品入库所需的各种报表、单证、账簿要准备好，以备使用</td></tr>
</table>

五、考核评价标准

收货作业准备考核评分表如表 5-2 所示。

表5-2　收货作业准备考核评分表

专业　　　　　　班级　　　　　　姓名（小组）

考核项目	评分标准及说明	项目分值 / 分
储存货位准备	按入库通知单要求，完成对应货物入库，仓库选取合理得15分；错一项扣5分，最多扣15分	15
	平置库入库任务，存储面积准备正确得10分；有错扣10分	10
	平置库入库货物垛型、垛长、垛宽、垛高及数量正确得10分；有错扣10分	10
	货架存储区入库任务，货位数量准备正确得10分；有错扣10分	10
	货架存储区待入库货物组托方式，选择正确得10分；有错扣10分	10
装卸搬运器械准备	叉车入库周期时间计算正确得5分；有错扣5分	5
	叉车数量准备正确得10分；有错扣10分	10
堆码、苫盖衬垫材料准备	衬垫材料选择正确得5分；有错扣5分	5
	衬垫材料数量准备正确得5分；有错扣5分	5
	托盘数量准备正确得10分；有错扣10分	10
完成入库作业计划	形成入库作业计划、人员及单证准备满足要求，完成得10分；有错扣10分	10
合计		100

考核日期：　　年　月　日

六、技能训练内容

（一）资料包

1. 基础数据

仓库设施设备、衬垫材料等数据资料见表 5-3 至表 5-5，图 5-1 和图 5-2。

表 5-3　仓库设施数据表

库房号	库房面积 /m²	库高 /m	地坪载荷 /（kg/m²）	存储条件	备注
1	1 000	4.8	2 000	平置库	仓库可用宽度受限为 5 m
2	2 000	5.6	3 000	平置库	机械设备存储库
3	5 000	5.6	3 000	重型货架存储	货架规格如图 5-1 所示

表 5-4　衬垫材料表

材质	尺寸	质量 /kg	载荷 /（kg/m²）	数量 / 块	备注
木板	1 m × 1 m	15	2 000	20	
木板	2 m × 1.5 m	45	2 000	10	
塑料板	2 m × 1.5 m	20	3 000	10	通风、防潮性佳
钢板	2 m × 1.5 m	500	20 000	10	抗压性强

表 5-5　仓库设备——叉车运行测试数据表

单位：s

任务	固定时间	上架时间	行驶时间	耗损时间
任务一	24	10	20	18
任务二	25	12	23	15
任务三	22	9	18	17
任务四	25	11	22	18
任务五	24	9	20	19
任务六	23	10	19	18
任务七	24	9	22	20
任务八	21	12	20	17
任务九	26	10	21	18
任务十	24	11	20	19

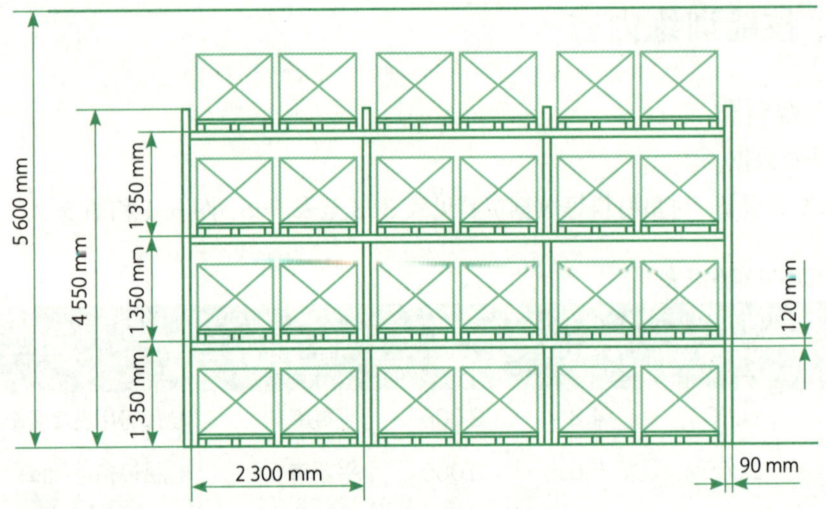

图 5-1　货架规格示意图

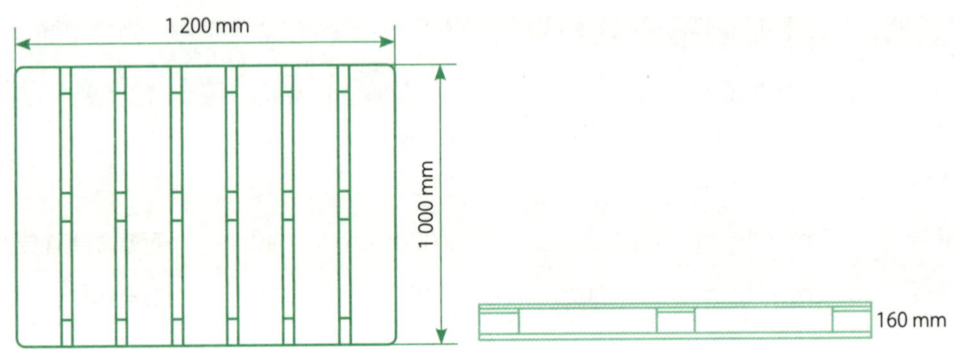

图 5-2　托盘规格示意图

2. 作业任务

入库通知单如表 5-6 至表 5-8 所示。

表 5-6　入库通知单 1

入库时间　　　年　　月　　日　　时

入库编号	品名	包装规格	包装材料	单体毛重 /kg	包装标识限高 / 层	入库总量 / 箱	备注
00011216	五金工具	400 mm × 250 mm × 450 mm	杨木	48	5	2 400	

表 5-7 入库通知单 2

入库时间　　　年　　月　　日　　时

入库编号	品名	包装规格	包装材料	单体毛重 /kg	包装标识限高 / 层	入库总量 / 箱	备注
00011311	吉祥葡萄汁	460 mm × 260 mm × 252 mm	纸箱	15	6	30 000	

表 5-8 入库通知单 3

入库时间　　　年　　月　　日　　时

入库编号	品名	设备规格	包装材料	单体毛重 /t	包装标识限高 / 层	入库总量 / 套	备注
00011219	自动加工机床	设备底架为两条 2 m × 0.5 m 的钢架	无	30	1	1	

（二）作业或设计要求

（1）按照入库通知单 1 的要求选择存储库房，完成入库任务。如果该批物品入库后码垛堆存，计算出至少需要多大面积的储位？请计算出计划堆成重叠堆码的平台货垛的垛长、垛宽及垛高各为多少箱？

（2）按照入库通知单 2 的要求选择存储库房，完成入库任务。如果该批货物上架存储，需要准备多少个托盘和货位？

（3）已知每辆叉车每天工作 8 小时，若要使货物在一天之内将入库通知单 2 的货物全部存入仓库，需要安排几辆叉车？

（4）上述三个入库任务中有无垫垛需求？如果需要垫垛，选择哪种衬垫材料，准备多少？

（三）实训报告

填写实训报告，见表 5-9。

表 5-9　实训报告

姓名		学号	
专业		班级	
实训日期		指导教师	
实训项目			
实训收获及反思			

06 项目六

Chapter

收货检验

学习目标

素养目标

- 树立敬业精神、安全意识、节约意识和劳动意识
- 培养学生精益求精的工匠精神
- 培养学生吃苦耐劳的优良品质
- 培养学生的团队协作能力和沟通意识
- 培养学生分析问题、解决问题的能力

知识目标

- 熟悉验收物品的性能和特点
- 掌握物品验收的检验方式
- 掌握收货检验样本比例的确定方法
- 掌握收货单据、报表的填写规范

技能目标

- 能够通过简洁手段进行质量检验
- 能够合理选择数量检验方式
- 能够合理确定抽检样本
- 能够运用设备进行辅助检验
- 能够准确核对并填写单证、报表

建议学时： 2 ~ 4 课时

思维导图

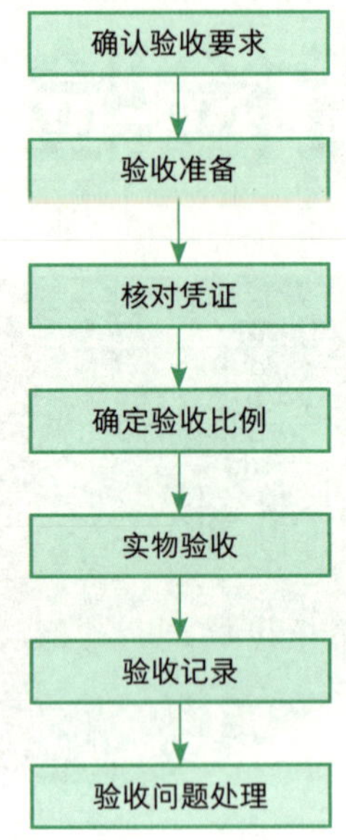

一、项目概述

卸货时，仓管员应根据送货单据相关要求对物品进行验收（扫码）。应在送货单据或入库单上详细记录，如发现问题，在承运人签字确认的同时，与相关方联系。

二、工作依据

- 《物流术语》（GB/T 18354-2021）
- 《物流中心作业通用规范》（GB/T 22126-2008）
- 《仓储作业规范》（SB/T 10977-2013）

三、场地与设备要求

（一）场地要求

在仓储实训室进行。实训场所面积至少 100 m^2，能够满足每个班 40 人同时开展收货检验实训教学项目。

（二）设备要求

1. 装卸工具，搬运工具（叉车、地牛、台车等）

（1）手动托盘搬运车。

① 主要功能：依靠人力，用于低层货物成组化存取及装卸搬运，主要进行货物的水平位移。

② 技术要求：见《高等职业学校物流管理专业实训教学条件建设标准》中的“表 3 仓储实训室设备要求”。

（2）物料搬运台车。

① 主要功能：用于生产物料配送。

② 技术要求：见《高等职业学校物流管理专业实训教学条件建设标准 》中的“表 3 仓储实训室设备要求”。

2. 集装容器（托盘、料盒）

（1）托盘。

① 主要功能：用于货物集结，成组化堆码，便于货物装卸和搬运。

② 技术要求：商务部推荐规格为 1 200 mm × 1 000 mm；材质为木制、塑料等；托盘的高度应匹配货位、运输。

（2）周转箱。

① 主要功能：用于盛装货物并封箱，可多次周转并反复使用。

② 技术要求：材质为塑料抗冲击改性 PP；基础尺寸为 600 mm × 400 mm 或与物流模数相匹配。

（3）料盒。

① 主要功能：用于存储生产物料。

② 技术要求：根据实训物料大小选择。

3. 检验工具（台秤、量尺、计数器）

以地磅为例。

① 主要功能：用于对运输工具与大宗货物的称重。

② 技术要求：见《高等职业学校物流管理专业实训教学条件建设标准》中的“表 3 仓储实训室设备要求”。

4. 物品

多种不同属性、不同体积的物品，如玻璃杯、螺丝钉等。

5. 识读设备

（1）条码扫描器（一维）。

① 主要功能：用于对一维条码符号进行阅读和译码。

② 技术要求：见《高等职业学校物流管理专业实训教学条件建设标准》中的“表 3 仓储实训室设备要求”。

(2) 条码扫描器(二维)。

① 主要功能: 用于对二维条码符号进行阅读和译码。

② 技术要求: 见《高等职业学校物流管理专业实训教学条件建设标准》中的“表3仓储实训室设备要求”。

(3) 条码打印机。

① 主要功能: 用于一维、二维条码打印。

② 技术要求: 见《高等职业学校物流管理专业实训教学条件建设标准》中的“表3仓储实训室设备要求”。

(4) 条码识别系统。

① 主要功能: 用于识别条码所代表的信息。

② 技术要求: 见《高等职业学校物流管理专业实训教学条件建设标准》中的“表3仓储实训室设备要求”。

四、项目岗位能力要求

该项目面向收货检验的主要工作内容、基本技术、相关知识、技能要求、职业素养，如表 6-1 所示。

表 6-1　收货检验岗位能力要求

职业岗位	主要工作内容	基本技术	相关知识	技能要求	职业素养
仓管员	收货检验	验收准备	验收凭证的要求	收集、整理并熟悉各项验收凭证、资料和有关验收要求	验收准备工作首先要强调敬业精神，使用检验设备时要强调安全操作
			计量、检测器具标准	准备所需的计量器具、卡量工具和检验仪器仪表等	
		核对凭证	入库相关单据、报表、凭证的内容与要求	核对业务主管部门提供的入库通知单、订货合同副本、协议书等	核对凭证时要认真严谨，进一步强化敬业精神；在工作过程中注重团队协作与沟通的重要性
				核对供货单位提供的质量证明书、装箱单、磅码单、发货明细表、说明书、保修卡及合格证等	
				核对承运部门提供的运单、反映货物残损情况的货运记录、普通记录和公路交接清单等	
				在核对以上凭证过程中，若发现证件不齐或不符等情况，要与有关业务部门及时联系，以便和供货单位、承运部门交涉处理	
		确定验收比例	各种因素对验收比例幅度的影响	确定抽检比例应以合同为准，合同没有规定时，应考虑货物价值、商品性质、气候条件、运输方式、企业信誉、生产技术、存储时间等因素，综合确定验收比例	不断合理优化验收比例，养成精益求精的工匠精神
		实物验收	质量和数量的验收标准	仓管人员进行质量验收大多针对货物外观质量进行检验，主要通过人的感觉器官检验货物包装外形或装饰有无缺陷	在安全使用设备时，要注意货物不受污染，保证人员、环境的安全；在验收工作中严格遵守规章制度和法律意识；要强化劳动意识，养成吃苦耐劳的优良品质
				检查货物包装的牢固程度，检查货物有无损伤，例如，撞击、变形、破碎等；检查货物是否被污染，有无潮湿、霉腐、生虫等	
				进行货物数量验收时可使用计件法、检斤法、检尺求积法	

视频：物品检验规范

动画：入库验收—计件

动画：入库验收—检斤

动画：入库验收—检尺求积

续表

职业岗位	主要工作内容	基本技术	相关知识	技能要求	职业素养
仓管员	收货检验	验收记录	验收记录的内容与要求	根据货物入库单所列内容对实物进行验收后，做好详细记录，填写货物验收单及仓库货物验收记录，并做出书面总结报告，及时向主管部门及存货单位反馈，以便查询处理	验收记录不仅是记录详情，还要强调团队协作的重要性，及时反馈与沟通
		验收问题处理	验收问题处理规定	对验收中发现的问题，应根据不同情况，采取不同的方法进行处理	验收问题处理的过程，也是分析问题、解决问题能力培养的过程

五、考核评价标准

收货检验考核评分表如表 6-2 所示。

表6-2　收货检验考核评分表

专业　　　　　　　　班级　　　　　　　　姓名（小组）

考核项目	评分标准及说明	项目分值 / 分
验收准备	验收单据及凭证准备齐全得5分；有错扣5分	5
	计量器具、卡量工具和检验仪器仪表等准备齐全得5分；有错扣5分	5
核对凭证	按照货物收货记录表中检查项目要求逐一核对，凭证及相关信息完整、无误得10分；每错扣1分，最多扣10分	10
	初检记录信息填写完整，得5分；每错扣1分，最多扣5分	5
确定验收比例	考虑因素全面（货物价值、商品性质、气候条件、运输方式、厂商信誉、生产技术、存储时间），并确定验收比例得10分；在确定比例过程中，每少一个因素扣2分，最多扣10分	10
实物验收	数量检验全部正确得10分；有错扣10分	10
	质量检验（包括外观划痕、零部件数量）找出质量问题货物，全部正确得10分；每错扣5分，最多扣10分	10
	包装检验（包括包装污渍、挤压、破损）找出质量问题货物，全部正确得10分；每错扣5分，最多扣10分	10
验收记录	货物验收单填写正确得15分；每错扣1分，最多扣15分	15
验收问题处理	货物验收异常统计表信息填写正确得10分；每错扣2分，最多扣10分	10
	处理方法合理得10分；不合理每错扣2分，最多扣10分	10
合计		100

考核日期：　　年　月　日

六、技能训练内容

（一）资料包

1. 基础数据

本实训项目基础数据需结合现场实际待检货物而定。

2. 入库通知单

入库通知单如表 6-3 所示。

表 6-3　入库通知单

入库时间　　　年　　月　　日　　时

货物编号	品名	包装规格	包装材料	单位	数量	备注
00001212	欢喜微波炉（18 l）	290 mm × 290 mm × 149 mm	纸箱	箱	200	
00001213	欢喜微波炉（20 l）	282 mm × 482 mm × 368 mm	纸箱	箱	300	
00001214	欢喜微波炉（21 l）	461 mm × 361 mm × 289 mm	纸箱	箱	150	

（二）作业或设计要求

（1）接到入库通知单后，根据商品的性质和批量进行货物验收工作各项准备。

（2）核对入库收货相关凭证资料后，填写货物收货初检记录，见表 6-4。

（3）通过综合评价法选择合理的检验方法，确定验收比例。

（4）按照验收要求，进行物品质量、数量检验，填写货物验收单，见表 6-5。

（5）对验收中发现的问题，填写货物验收异常统计表，见表 6-6，并采取合理的方法处理。

（三）作业项目所需账、卡、表、单

表 6-4　货物收货初检记录

品名		包装规格		
货物编号		单位		
送货人		送货日期		
供货单位		检查结果		备注
检查项目		是	否	
送货时间、地点是否与约定一致				
送货车辆是否密封				
货物品名、规格、批号、数量、颜色、等级、产地是否相符				
有无合格证，有无商标				
货物包装是否完整，有无破损				
发货明细表、货物运输单、封口签的标识数量与入库通知单数量是否相符				
结论：				

检验人：

表 6-5　货物验收单

序号	商品名称	包装规格	单位	应收数量	实收数量	包装形式	质量	验收人
1								
2								
3								
4								
5								
验收时间				审核人				

表 6-6　货物验收异常统计表

序号	交货单编号	料名	料号	数量	供应商	供应商编号	交货日	不良内容	处理方法
1									
2									
3									
4									
合计									

（四）实训报告

填写实训报告，见表 6-7。

表 6-7　实训报告

姓名		学号	
专业		班级	
实训日期		指导教师	
实训项目			
实训收获及反思			

07 项目七

Chapter

货物组托

学习目标

素养目标

- 树立敬业精神、安全意识、节约意识和劳动意识
- 培养学生的团队协作能力和沟通意识
- 培养学生精益求精的工匠精神
- 培养学生吃苦耐劳的优良品质
- 培养学生分析问题、解决问题的能力
- 培养学生的物流作业优化意识

知识目标

- 熟悉各种货物组托的方式和特点
- 掌握 ABC 分类方法
- 熟悉托盘的规格特点
- 熟悉各类包装的规格特点
- 掌握货物组托的操作规范

技能目标

- 能够有效提高组托货物的稳定性、利用率和作业效率
- 能够合理选择组托方式
- 能够按照物动量进行 ABC 货物分类，并根据分类结果指导存储作业
- 能够准确地绘制组托图
- 能够规范实施组托操作
- 能够用拉伸膜、包装带加固货垛

建议学时： 4 ~ 8 课时

思维导图

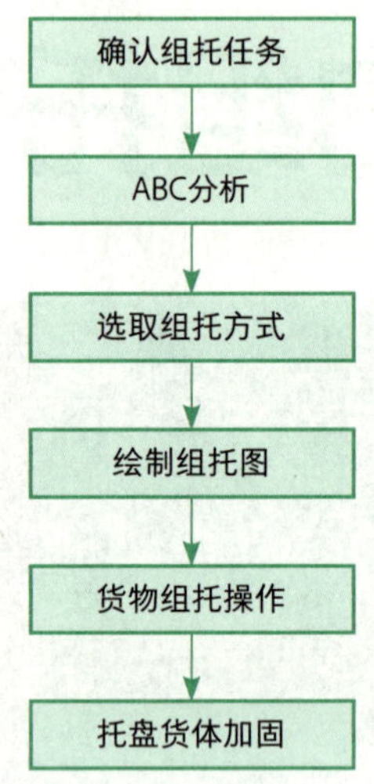

一、项目概述

货物入库时，为了提高托盘利用率和仓库空间利用率，方便库内装卸搬运，以托盘为载体把单件商品成组化（单元化）的过程。

二、工作依据

- 《物流术语》（GB/T 18354—2021）
- 《物流中心作业通用规范》（GB/T 22126—2008）
- 《仓储作业规范》（SB/T 10977—2013）

三、场地与设备要求

（一）场地要求

实训场所面积至少 200 m^2，能够满足每个班 40 人同时开展组托实训教学项目。

（二）设备要求

1. 手动托盘搬运车

（1）主要功能：依靠人力，用于低层货物成组化存取及装卸搬运，主要进行货物的水平位移。

（2）技术要求：见《高等职业学校物流管理专业实训教学条件建设标准》中的“表 3

仓储实训室设备技术要求”。

2. 托盘

(1) 主要功能: 用于货物集结、成组化堆码, 便于货物装卸和搬运。

(2) 技术要求: 商务部推荐规格为 1 200 mm × 1 000 mm ; 材质为木制、塑料等; 托盘的高度应匹配货位、运输。

3. 纸箱

采用多种不同尺寸规格的纸箱。

4. 辅助材料

拉伸膜加固和包装带等。

四、项目岗位能力要求

该项目面向货物组托的主要工作内容、基本技术、相关知识、技能要求、职业素养，如表 7-1 所示。

虚拟仿真：货物组托

表 7-1　货物组托岗位能力要求

职业岗位	主要工作内容	基本技术	相关知识	技能要求	职业素养
仓管员	货物组托	进行ABC分析	ABC分类方法	根据采集的出库数据，进行ABC数据分析，并根据ABC分类标准，完成ABC分类	整个ABC分类的过程是对精益求精精神的考验
		选取组托方式	组托合理性目标	熟悉重叠式、纵横交错式、正反交错式、旋转交错式等组托方法，根据物品包装箱信息，托盘、货架尺寸规格确定组托方式	组托方式的选择要考虑人、物、环境安全，节约托盘的要求，在各种方式选择比较的过程中，培养分析问题、解决问题的能力
		绘制组托图	组托图的绘制标准	用绘图软件绘制示意图；画出托盘码放的奇数层俯视图和偶数层俯视图；在图上标出托盘的长、宽尺寸（以mm为单位）；用文字说明堆码后的层数和此类商品所需托盘的个数；将托盘上的货物以浅灰色填涂；货物组托时均需压缝	组托图绘制要用精益求精的工匠精神，充分利用货位空间，强化节约意识，严格按照比例完成，形成规范、标准的组托示意图
		货物组托操作	组托操作要求	能够遵循合理、牢固、定量、整齐、节约、方便等方面的基本要求，进行组托作业	组托操作实施前要强调安全操作注意事项，作业时要积极努力，团队协作，保持沟通，养成吃苦耐劳的优良品质
			托盘货体加固理论	合理选择用拉伸膜和包装带加固等方式，对组合码放好的托盘进行加固处理	货体加固是人员、货物、环境安全的具体保障措施、处理好每一个细节体现了敬业精神

五、考核评价标准

货物组托考核评分表如表7-2所示。

表7-2　货物组托考核评分表

专业　　　　　　班级　　　　　　姓名（小组）

<table>
<tr><th>考核项目</th><th>评分标准及说明</th><th>项目分值/分</th></tr>
<tr><td rowspan="3">ABC分析</td><td>周转量从高到低排序正确得5分；每错扣1分，最多扣5分</td><td>5</td></tr>
<tr><td>所占比率、累计比率计算正确得10分；每错扣1分，最多扣10分</td><td>10</td></tr>
<tr><td>ABC分类结果正确得5分；每错扣1分，最多扣5分</td><td>5</td></tr>
<tr><td>选取组托方式</td><td>组托方式选择正确得10分；每错扣3分，最多扣10分</td><td>10</td></tr>
<tr><td rowspan="3">绘制组托图</td><td>组托图绘制规范、正确得15分；每错扣1分，最多扣15分</td><td>15</td></tr>
<tr><td>每种货物对应托盘货物码放量正确得5分；每错扣2.5分，最多扣5分</td><td>5</td></tr>
<tr><td>每种货物对应托盘使用量正确得5分；每错扣2.5分，最多扣5分</td><td>5</td></tr>
<tr><td rowspan="3">货物组托操作</td><td>各层码放科学，余量设置合理，托盘利用率高，层间压缝合理、整齐、牢固、美观得40分；每错扣5分，最多扣40分</td><td rowspan="2">40</td></tr>
<tr><td>作业时间（时间为：　秒）由学生反复练习后，教师根据实际作业场景合理制定时间要求</td></tr>
<tr><td>薄膜加固、牢固美观得5分；未完成扣5分</td><td>5</td></tr>
<tr><td colspan="2">合计</td><td>100</td></tr>
</table>

考核日期：　　年　月　日

六、技能训练内容

（一）资料包

1. 货位信息

（1）重型货架（托盘货架）。1 排 6 列 3 层，双货位，单货位承重 ≤ 500 kg。货位参考尺寸（长 × 宽 × 高）为，

第一层：1 125 mm × 1 000 mm × 1 010 mm

第二层：1 125 mm × 1 000 mm × 1 040 mm

第三层：1 125 mm × 1 000 mm × 960 mm

（2）货位存储信息。重型货架（托盘货架）见图 7-1。

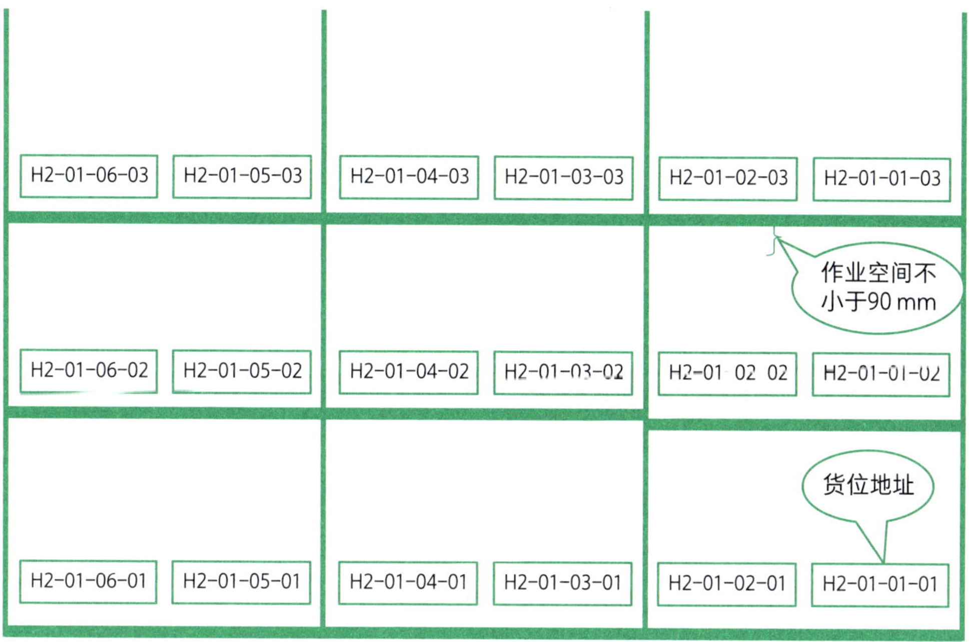

图 7-1　重型货架（托盘货架）

2. 托盘信息

（1）参考尺寸（长 × 宽 × 高）：1 200 mm × 1 000 mm × 160 mm。

（2）托盘重量 20 kg/ 个。

3. 包装箱信息

包装箱信息如表 7-3 所示。

4. 出库信息

出库信息如表 7-4 所示。

表 7-3　包装箱信息

序号	物品编码 / 条码	物品名称	规格 /mm	单位
1	6920855784129	婴儿纸尿裤	460 × 260 × 180	箱
2	6917878007441	顺心奶嘴	395 × 245 × 180	箱
3	6932010061815	婴儿美奶粉	395 × 295 × 180	箱
4	6932010061822	婴儿湿巾	395 × 295 × 180	箱
5	6901521103123	诚诚油炸花生仁	448 × 276 × 180	箱
6	6932010061938	梦阳奶粉	353 × 235 × 180	箱
7	6932010061846	隆达葡萄籽油	297 × 223 × 240	箱

表 7-4　出库作业月报表（物动量统计）

制表时间：10月1日（统计时间9月1—30日）

物品编码 / 条码	物品名称	出库量 / 箱
6932010062065	大王牌大豆酶解蛋白粉	5 750
6903148042441	可乐年糕	500
6918163010887	黄桃水果罐头	110
6920855784129	顺心奶嘴	3 100
6932010061969	鹏泽海鲜锅底	90
6939261900108	好娃娃薯片	90
6932010061839	婴儿美奶粉	980
6901521103123	诚诚油炸花生仁	400
6917878007441	婴儿纸尿裤	2 210
6918010061360	脆香饼干	890
6931528109163	爱牧云南优质小粒咖啡	320
6932010061815	婴儿美奶粉	1 470
6932010061921	山地玫瑰蒸馏果酒	20
6932010061808	神奇松花蛋	430
6932010061822	婴儿湿巾	1 000
6932010061877	华冠芝士微波炉爆米花	200
6932010061853	乐纳可茄汁沙丁鱼罐头	260

续表

物品编码 / 条码	物品名称	出库量 / 箱
6932010061860	金谷精品杂粮营养粥	240
6932010061846	隆达葡萄籽油	680
6920907800173	休闲黑瓜子	120
6932010061976	万盛牌瓷砖	70
6920855052068	利鑫达板栗	270
6932010061884	早苗栗子西点蛋糕	190
6932010061891	轩广章鱼小丸子	130
6932010061914	雅比沙拉酱	30
6932010061938	梦阳奶粉	100
6932010061945	幸福方便面	100
6902774003017	金多多婴儿营养米粉	90
6932010061952	日月腐乳	90
6932010061907	大嫂什锦水果罐头	70

5. 物动量 ABC 分类标准

物动量 ABC 分类标准如表 7-5 所示。

表 7-5 物动量 ABC 分类标准

累计品种所占比重 %	0＜A≤15	15＜B≤35	35＜C≤100
累计周转量所占比重 %	0＜A≤70	70＜B≤90	90＜C≤100

6. 收货通知单

收货通知单如表 7-6 所示。

表 7-6 收货通知单

序号	物品编码 / 条码	商品名称	包装规格 /mm	应收数量 / 箱
1	6920855784129	婴儿纸尿裤	460 × 260 × 180	54
2	6917878007441	顺心奶嘴	395 × 245 × 180	36
3	6932010061815	婴儿美奶粉	395 × 295 × 180	40
4	6932010061822	婴儿湿巾	395 × 295 × 180	40

视频：
组托操作规范

（二）作业或设计要求

（1）根据 9 月份出库数据进行 ABC 统计分析，按照表 7–5 物动量 ABC 分类标准进行 ABC 分析，填写表 7–7 物动量 ABC 分类表。

（2）根据货物包装箱信息、托盘规格，综合分析稳定性，利用率、作业效率等因素，合理选择待入库货物组托方式。

（3）依据 ABC 分类结果和货位存储要求，并按图 7–2 货物组托示意图示例，在图 7–3 的位置绘制收货作业的组托示意图。

（4）按照操作规范分小组实施货物组托作业。

（5）根据现场需求选择进行托盘货体加固。

（三）作业项目所需账、卡、表、单（工作页）

表 7–7　物动量 ABC 分类表

序号	货品编码 / 条码	货品名称	周转量 / 箱	所占比率 /%		累计比率 /%		分类
				品种	周转量	品种	周转量	
合计				—	—	—	—	—

货物品名（　　　　）、规格（　　），每层码（　　）箱，最高码放（　　）层，每托码放（　　）箱，现需入库（　　）箱，则需要（　　）个托盘。

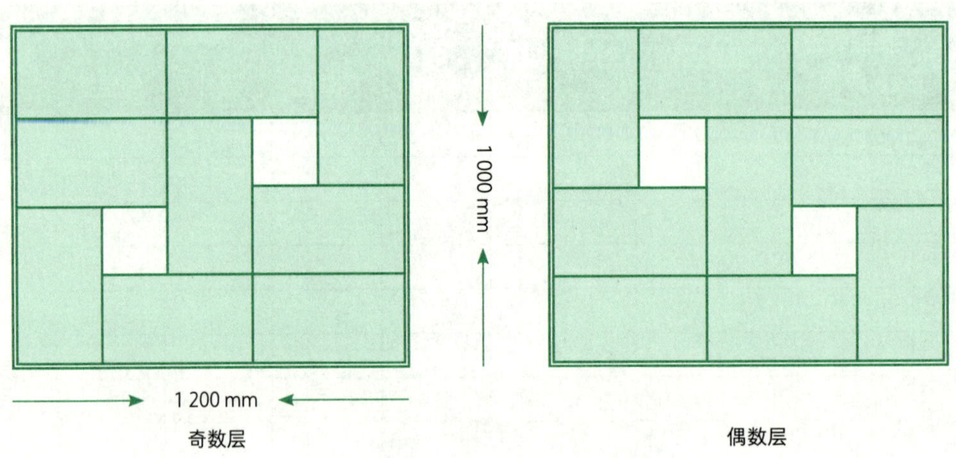

图 7-2　货物组托示意图示例

图 7-3　绘制货物组托示意图

（四）实训报告

填写实训报告，见表 7-8。

表 7-8　实训报告

姓名		学号	
专业		班级	
实训日期		指导教师	
实训项目			
实训收获及反思			

08 项目八

Chapter

盘点作业

学习目标

素养目标

- 培养良好的沟通能力和团队合作能力
- 注重盘点作业细节，培养精益求精的工作作风
- 树立责任意识和诚信意识

知识目标

- 掌握盘点工作的方式、方法和操作要领
- 熟悉盘点的作业流程
- 掌握盘点时间确定的原则
- 掌握将盘点结果进行差异分析的方法

技能目标

- 能够有效做好盘点前的准备工作
- 能够根据货物的特点与要求，选择合适的盘点方法
- 能够正确识读和使用盘点的各种表单
- 能够配合财务部门对盘亏、盘盈进行及时处理

建议学时： 4 ~ 8 课时

思维导图

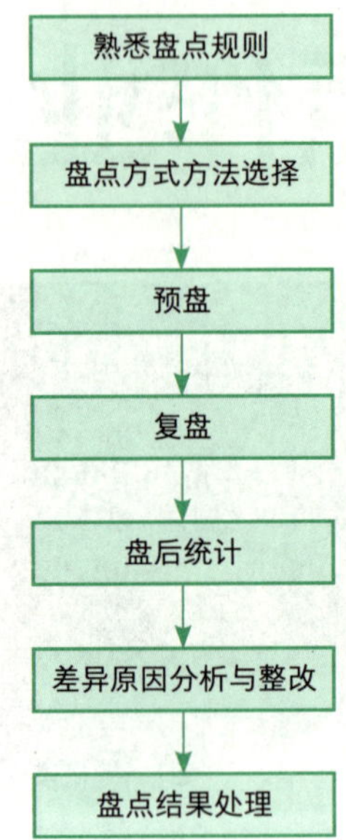

一、项目概述

盘点是对储存物品的品种、规格、数量、质量进行清点对账。根据作业环境和已知条件，判断在物流企业管理中需要何时、何种形式的盘点，能用恰当的方法实施盘点工作，并进行盘盈盘亏处理。

二、工作依据

- 《企业会计准则》
- 《仓储从业人员职业资质》(GB/T 21070—2007)
- 《仓储服务质量要求》(GB/T 21071—2021)

三、场地与设备要求

(一) 场地要求

在仓储实训室进行。实训场所面积至少 80 m^2，能够满足每个班 40 人同时开展盘点实训教学项目。

（二）设备要求

1. 各种货架

货架包括托盘式货架、悬臂式货架、轻型搁板式货架、通廊式货架和其他存储型货架。

（1）托盘式货架。

① 主要功能：用于成组化货物的仓储业务，为存储型货架。

② 技术要求：见《高等职业学校物流管理专业实训教学条件建设标准》中的“表 3 仓储实训室设备技术要求”。

（2）悬臂式货架。

① 主要功能：用于存放超长物品、环形物品、板材、管材和不规则物品，为存储型货架。

② 技术要求：见《高等职业学校物流管理专业实训教学条件建设标准》中的“表 3 仓储实训室设备要求”。

（3）轻型搁板式货架。

① 主要功能：用于轻、小货物及散件物品的仓储业务，为存储型货架。

② 技术要求：见《高等职业学校物流管理专业实训教学条件建设标准》中的“表 3 仓储实训室设备要求”。

（4）通廊式货架。

① 主要功能：用于少品种、大批量的成组化货物仓储业务，为存储型货架。

② 技术要求：见《高等职业学校物流管理专业实训教学条件建设标准》中的“表 3 仓储实训室设备要求”。

（5）其他存储型货架。

技术要求：见《高等职业学校物流管理专业实训教学条件建设标准》中的“表 3 仓储实训室设备要求”。

注：货架最低限度有一种即可。

2. 集货装具

集货装具包括托盘和周转箱等。

（1）托盘。

① 主要功能：用于货物集结、成组化堆码。

② 技术要求：商务部推荐规格为 1 200 mm × 1 000 mm；材质为木制、塑料等；托盘的高度应匹配货位和常载货物的包装尺寸。

（2）周转箱。

① 主要功能：用于盛装货物。

② 技术要求：材质为塑料抗冲击改性 PP；基础尺寸为 600 mm × 400 mm 或与物流模数相匹配。

注：集货装具有一种即可。

3. 智能读取装置

智能读取装置包括手持式 RF 智能终端和穿戴式 RF 智能终端等。

(1) 手持式 RF 智能终端。

① 主要功能: 用于盘点等业务操作。

② 技术要求: 见《高等职业学校物流管理专业实训教学条件建设标准》中的“表 3 仓储实训室设备要求”。

(2) 穿戴式 RF 智能终端。

① 主要功能: 无须手持, 支持边工作边采集现场数据, 适用于盘点作业。

② 技术要求: 见《高等职业学校物流管理专业实训教学条件建设标准》中的“表 3 仓储实训室设备要求”。

注：若采用人工盘点，有盘点单和笔即可；若采用立体库、电子标签自动盘点，系统可自动录入盘点结果；若采用人—机交互盘点，由人工录入系统。

4. 计算机及仓储管理等系统

(1) 主要功能: 用于盘点作业的信息处理。

(2) 技术要求: 见《高等职业学校物流管理专业实训教学条件建设标准》中的“表 3 仓储实训室设备要求”。

四、项目岗位能力要求

该项目面向盘点作业的主要工作内容、基本技术、相关知识、技能要求、职业素养，如表 8-1 所示。

虚拟仿真：盘点作业

表 8-1　盘点作业岗位能力要求

职业岗位	主要工作内容	基本技术	相关知识	技能要求	职业素养
仓管员	盘点准备工作	熟悉本企业的盘点规则	熟悉仓库布局，货架的功能，读懂盘点表	对盘点现场进行及时清理、整顿和人员分组	应具备盘点作业的基本技能，主盘人应具有很强的沟通能力和团队合作能力，做好盘点准备工作
	盘点作业	盘点方式方法的选择	熟练掌握盘点的方式方法。如实地盘存制（定期盘点、临时盘点）、永续盘存制等方法	能够根据货物的特点与盘点要求，选择合适的盘点方法。盘点过程可以是机—机、人—机、人—人配合，操作者应熟练掌握设备的使用方法	盘点方式的选择是完成盘点作业的关键，应具备盘点的基本技能，既懂机器语言，又具备人与人之间的沟通能力，根据盘点作业的目的注重基本细节
		预盘	了解盘点的目的。若属于定期盘点，由主管部门或财务会同货主、仓管员等相关人员进行的盘点对账；若属于临时盘点，由仓库组织仓管员等相关人员进行局部或全面的盘点	能够使用各种盘点报表	
		复盘	在预盘的基础上，由其他部门或质量监督部门（无利益相关）的人员进行	能够协助其他部门人员进行复盘	复盘需要较强的团队协作能力和责任意识来保证盘点作业质量
		盘后统计	统计盘点结果	能够进行盘点统计报表填写	认真填写盘点统计报表，具有较强的责任意识和诚信意识，对盘点结果进行分析
	盘点结果的处理	差异原因	对盘点结果进行差异分析	能够分析原因	
		整改	对可避免的原因，要制定预防措施，避免问题再次发生	能够配合财务部门对盘亏、盘盈进行及时处理	坚持责任意识和诚信意识，在制定有效措施的同时，发挥团队协作能力，配合财务部门工作

续表

职业岗位	主要工作内容	基本技术	相关知识	技能要求	职业素养
财务部门或主管部门	复盘和监盘		由财务部门或其他主管部门组织人员进行复盘或监盘，盘点前要进行人员培训	核对预盘阶段的“盘点单”。可以抽查+详盘（即在预盘的基础上抽20%~30%的品种进行逐一盘点）；也可以普查+略盘（对预盘各项，可按容器数盘或按整数盘）。若超出差错率，重新预盘	培养沟通能力和团队协作能力，积极主动配合财务部门或其他主管部门工作
	盘点结果的处理		会同其他盘点，编制盘点报告	将盘盈和盘亏问题进行追踪处理，并进行账务处理	

动画：
账面盘点法

动画：
循环盘点

动画：
期末盘点

五、考核评价标准

盘点作业考核评分表如表 8-2 所示。

表 8-2　盘点作业考核评分表

专业　　　　班级　　　　姓名（小组）

考核项目	评分标准及说明	项目分值 / 分
盘点前准备工作	应有6项，正确得6分；每项错扣1分	6
盘点事项安排	盘点方式选择，正确得2分；有错扣2分	2
	盘点参与部门、人员组成合理得2分；不合理扣2分	2
	时间适宜得2分；不适宜扣2分	2
	有沟通交流痕迹得3分；无沟通交流痕迹扣3分	3
完善结存调整表	将盘点区域（范围）补充完整得3分；未补充完整扣3分	3
修改和完善盘点表	盘点序列号、区域、盘点时间正确得9分；每错扣3分	9
盘点作业	盘点作业涉及8种9个规格的饮料和饮用水，需要进行标注，正确得18分；每错扣2分	18
	盘点作业结果正确得4分；盘点作业错误，说明盘点人员不能尽职尽责扣4分	4
填制盘点卡	为盘点涉及变更的物品，重新填制盘点卡，正确得9分；每错1卡扣1分	9
盘点盈亏汇总表	完善盘点盈亏汇总表，将盘点区域（范围）补充完整得3分；不完整扣3分	3
	基本数据（含类别、品名、货位地址、批次等）正确得10分；每错扣1分，最多扣10分	10
	分析原因准确得24分；每错扣3分，最多扣24分	24
	有改善建议或措施得5分；不完整酌情扣分，最多扣5分	5
合计		100

考核日期：　　年　月　日

六、技能训练内容

（一）资料包

1. 情况简介

德福物流公司因仓储部 1 号库饮料和饮用水库区的仓管员离职，公司认为有必要进行一次盘点对账。本次盘点序列号为 DF0120020815。

1 号库是公司自营仓库，饮料和饮用水库区主要存放整箱饮料和饮用水，一般是批量进货，批量出库；主要客户是零售商。离职仓管员管理的饮料和饮用水库区储位为 2 排 6 列 3 层托盘式货架（横梁式货架），层净高 1 800 mm。仓库营业时间为周一到周日，每日 6:00—22:00。

2. 仓库盘点前时点账面数据

仓库盘点前时点账面数据如表 8-3 所示。

表 8-3　仓库盘点前时点账面数据

货位地址	品名	入库单号	批次	规格 /ml	单价 /（元 / 箱）	单位	数量 / 时点账面
01-02-01-01	阿尔山矿泉水	D200101	200902	550	80	箱	72
01-02-01-02	巴马铂泉	D200102	200901	350	56.9	箱	140
01-02-01-03	巴马铂泉	D200103	200902	500	132	箱	44
01-02-02-01	百岁山饮用天然矿泉水	D200104	200903	348	39.9	箱	113
01-02-02-02	百岁山饮用天然矿泉水	D200105	200904	570	49.9	箱	58
01-02-02-03	北大荒天然矿泉水	D200106	200905	350	48	箱	102
01-02-03-01	冰露包装饮用水	D200107	201001	550	19	箱	20
01-02-03-02	纯悦包装饮用水	D200108	201002	550	48	箱	28
01-02-03-03	纯悦包装饮用水	D200109	201003	350	27	箱	45
01-02-04-01	芬达橙味汽水	D200110	201004	500	69.9	箱	30
01-02-04-02	格桑泉饮用天然水	D200111	201005	330	68	箱	60
01-02-04-03	恒大冰泉天然矿泉水	D200112	200910	500	39	箱	64
01-02-05-01	恒大冰泉天然矿泉水	D200113	200911	350	35.9	箱	100
01-02-05-02	加多宝凉茶	D200114	200912	310	67.9	箱	120

续表

货位地址	品名	入库单号	批次	规格/ml	单价/（元/箱）	单位	数量/时点账面
01-02-05-03	康师傅包装饮用水	D200115	200913	550	22	箱	48
01-02-06-01	康师傅浓浓柠檬红茶	D200116	200914	500	39.9	箱	28
01-02-06-02	康师傅优悦饮用纯净水	D200117	200915	550	31.8	箱	116
01-02-06-03	可口可乐零度	D200118	200924	500	69.9	箱	119
01-03-01-01	可蓝天然矿泉水	D200119	200925	550	68	箱	120
01-03-01-02	昆仑山矿泉水	D200120	200926	350	106	箱	160
01-03-01-03	名仁苏打水	D200121	200927	375	60.5	箱	90
01-03-02-01	农夫山泉天然运动装	D200122	200928	400	52.9	箱	140
01-03-02-02	农夫山泉饮用天然水	D200123	200929	380	32.9	箱	25
01-03-02-03	农夫山泉饮用天然水	D200124	201006	550	35.9	箱	28
01-03-03-01	雀巢优活饮用水	D200125	201007	330	29	箱	45
01-03-03-02	雀巢优活饮用水	D200126	201008	550	34.9	箱	120
01-03-03-03	水立方饮用天然矿泉水	D200127	201009	585	48	箱	110
01-03-04-01	天宝泉弱碱性天然饮用水	D200128	201010	500	96	箱	132
01-03-04-02	统一ALKAQUA爱夸饮用天然矿泉水	D200129	201011	570	63	箱	55
01-03-04-03	统一绿茶茉莉味	D200130	201020	500	60.5	箱	50
01-03-05-01	娃哈哈纯净水	D200131	201021	596	38.8	箱	64
01-03-05-02	娃哈哈饮用纯净水	D200132	201022	550	38.8	箱	78
01-03-05-03	王老吉凉茶植物饮料	D200133	201023	310	69.9	箱	140
01-03-06-01	旺仔牛奶	D200134	201024	145	56.9	箱	96
01-03-06-02	雪碧	D200135	201025	500	69.9	箱	72
01-03-06-03	怡宝饮用纯净水	D200136	201026	350	26.9	箱	132

3. 公司盘点有关其他要求摘要和说明

本次仓库盘点前的时点账面数据除了个别情况，基本符合公司仓储部统计台账和公司财务账面数据。

（1）盘点前的准备工作。

① 仓库应根据盘点安排准备盘点的用具。

② 如有需要将盘点区域做明显标记。

③ 物品的堆码应力求整齐、集中、分类，其标示牌一律朝外，便于盘点。

④ 在财务部门准备的盘点表单中选取适宜的表单。

⑤ 仓储部统计台账与公司财务账面数据等各项账册应于盘点前登记完毕。如因特殊原因无法完成时，应由财务部门将尚未入账的有关单据（如入库单、退货单、出库单、收货单等）利用“结存调整表”（一式两联），将账面数调整为正确的账面结存数后，第二联由财务部门自存，并在盘点前将第一联送至仓储部，便于在盘点时做参考。

⑥ 盘点期间已收到物品，而未办妥入库（账）手续的，应另行分别存放，并予以标示。同理，盘点期间发出的物品，未办妥出库（账）手续的，应在盘点前说明。

（2）盘点人员的组成和职责。盘点人员分为总盘人、主盘人、监盘人、盘点人、复盘人、协盘人等。根据每次盘点的覆盖面、涉及金额，以及重要程度，组织相关人员参加盘点工作，不要使盘点工作出现人浮于事或人手不够的现象。

① 总盘人：一般由企业主管领导（特别重要的情况下由企业 CEO）担任，负责盘点工作的总指挥，督导盘点工作的进行及异常事项的决定。

② 主盘人：由各有关部门主管担任，负责实际盘点工作的组织、实施、协调等工作。

③ 监盘人：由主管领导视需要指派或由有关部门的主管负责盘点监督工作。

④ 盘点人：由各有关部门主管指派或财产保管人担任，负责点计数量。

⑤ 复盘人：视情况可由财务部门指派（人员不足时，可指派其他部门支援），负责复盘并记录，与盘点人分段核对，核实数据工作。

⑥ 协盘人：由各有关部门主管指派，负责盘点时的物品搬运及整理工作。

特定项目按月盘点或不定期抽点的盘点工作，应设置盘点人、复盘人，其职责相同。

（3）进出物品入账要求。仓储部统计台账要求 24 小时之内必须录入台账；公司财务账面要求 48 小时之内必须入账。

（4）客户退货后须立即处理，在征求客户意见后，该补发的货 24 小时之内发货；该退款的货 3 个工作日内款项退到付款账户。退回的物品该报废的作报废处理，具备再销售条件的物品，入账后可再销售。

（5）盘点期间除了紧急用货外，暂停收发货，以静态盘点为原则，因此要选择适宜的时间进行盘点。

（6）盘点人与复盘人的盘点结果不一致时，由主盘人决定是否重新盘点。

（7）盘点结束后盘点人、复盘人、监盘人和主盘人签字，签字后盘点结果不能修改。

(8) 盘点结果是客观存在、实际清点的结果，不得以猜想数据，系统记录数据，甚至伪造数据作为盘点数据。

(9) 盘后整理。

① 物品整理：将货架上因盘点时移动的物品，放回原处。

② 场地环境：按 5S 进行处理。

(10) 差异原因分析。

① 登录数据时发生错登、漏登、未及时处理等违反操作规定的情况。

② 由于作业人员缺乏责任心，导致货物损坏或丢失。

③ 出入库作业时，要核实有无发错货或收错货、点检数量不准确的问题。

④ 管理制度和流程不完善，系统不健全，导致工作出现疏漏时，系统不能提示，物品数据出现差异。

⑤ 盘点时发生漏盘、重盘、错盘现象，导致盘点结果出现错误。

⑥ 盘点前数据未结清不完整，使账面数不准确。

(11) 盘点结果处理。无论是哪种类型的盘点，财务部门均应根据审核后的"盘点表"编制"盘点盈亏报告（汇总）表"，送仓储部填列差异原因及处理意见后，转报相关部门直至主管领导审批。

(12) 公司对盘点工作和本次盘点的其他要求。

① 公司对于该类型的盘点原则上要求采用全面盘点的方法。

② 由于作业人员缺乏责任心，导致货物损坏或丢失的由个人赔偿或给予处分，如有触犯法律的依法依规进行处理。

③ 通报批评没有及时录入出入库信息和补发货物、延时退款的责任部门和责任人。

④ 对于丢失货物负有管理责任的部门主管给予通报批评。

⑤ 对于毁损货物的过程要调查清楚，避免再出现雷同事件。

4. 公司目前掌握的该库区的存储情况

(1) 客户投诉：投诉时间均在盘点前 1 周。

① 客户 1 投诉：购置 550 ml 瓶装纯悦包装饮用水 20 箱，350 ml 瓶装纯悦包装饮用水 10 箱，到货 550 ml 瓶装纯悦包装饮用水 18 箱，350 ml 瓶装纯悦包装饮用水 12 箱，目前正在交涉中。

② 客户 2 投诉：购置 350 ml 瓶装巴马铂泉 15 箱，其中有 2 箱临期，已退货多日，未补发，原因不详。

③ 客户 3 投诉：购置 310 ml 罐装加多宝凉茶 40 箱，其中有 2 箱毁损，已退货多日，未补发，未退款。

④ 客户 4 投诉：购置 330 ml 格桑泉饮用天然水 25 箱，实到货 24 箱，尚未补发。

(2) 员工反映：反映时间均在盘点前 1 周。

① 员工反映 1：客户 3 退货的 310 ml 罐装加多宝凉茶 2 箱，已接收，未进行其他处理。

② 员工反映 2：根据月中盘点丢失 500 ml 瓶装可口可乐零度 1 箱，未做处理。

③ 员工反映 3：仓库缓存区存放退回，临期 350 ml 瓶装巴马铂泉 2 箱。

5. 货位实际情况

货位实际情况如图 8-1 所示。

图 8-1　货位实际情况

（二）作业或设计要求

（1）你作为主盘人，根据上述已知数据和资料做出符合公司要求的盘点工作安排，见表 8-4，包括盘点方式、盘点时间、盘点必须参与的部门和人员，进行盘点前培训，要注意团队协作。

（2）完善结存调整表，见表 8-5。

（3）修改和完善盘点表，如盘点时间需填写盘点时的准确时间等。

（4）根据安排完成盘点工作，并填制盘点表，见表 8-6。盘点表所列物品如有变更，需填制盘点卡，见表 8-7 至表 8-16。

（5）做出盘点结果处理，完成盘点盈亏汇总表，见表 8-17。

（三）作业项目所需账、卡、表、单

表 8-4　盘点工作安排

姓名　　　　班级　　　　日期

根据所给资料和数据进行盘点工作安排	
需要说明的问题	
指导教师评价	

表 8-5　结存调整表（表一）

年　月　日

盘点序列号：DF0120020815　　　　盘点区域（范围）：

类别	品名	货位地址	规格	单位	账面结存数	增加数	减少数	调整后结存数	调整原因说明	批次	入库单号	责任人	备注
可销售	统一绿茶茉莉味	01-03-04-03	500 ml	箱	50		2	48	记账时间差异	201020	D200130	A	
可销售	农夫山泉天然运动装	01-03-02-01	400 ml	箱	140		4	136	记账时间差异	200928	D200122	A	

总经理：　　　　制表人：　　　　第一联

备注：第一联是仓库参考此单进行盘点；第二联是财务账联。

结存调整表（表一）

年 月 日

盘点序列号：DF0120020815　　盘点区域（范围）：

类别	品名	货位地址	规格	单位	账面结存数	增加数	减少数	调整后结存数	调整原因说明	批次	入库单号	责任人	备注
可销售	统一绿茶茉莉味	01-03-04-03	500 ml	箱	50		2	48	记账时间差异	201020	D200130	A	
可销售	农夫山泉天然运动装	01-03-02-01	400 ml	箱	140		4	136	记账时间差异	200928	D200122	A	

总经理：　　制表人：　　第二联

备注：第一联是仓库参考此单进行盘点；第二联是财务账联。

表 8-6　盘点表（表二）

盘点序列号：　　　　　　盘点区域（范围）：　　　　　　盘点时间：　　　　年　　月　　日

品名	货位地址	规格	单位	账面数量	盘点实存	盘点变更的原因及责任人

续表

品名	货位地址	规格	单位	账面数量	盘点实存	盘点变更的原因及责任人

盘点人：　　　复盘人（1）：　　　复盘人（2）：　　　监盘人：　　　主盘人：

注：类别是指可销售物品、待处理物品、呆滞物品、报废物品。

表 8-7　盘点卡

盘点序列号：　　　盘点范围：　　　年　月　日

类别		货位地址			
品名		批次			
入库单号		规格		单位	
账面数量		盘点实存			
差量		说明			
复盘人					
盘点人					

表 8-8　盘点卡

盘点序列号：　　　　　盘点范围：　　　　　　　　　　　　年　　月　　日

<table>
<tr><td>类别</td><td></td><td>货位地址</td><td colspan="3"></td></tr>
<tr><td>品名</td><td></td><td>批次</td><td colspan="3"></td></tr>
<tr><td>入库单号</td><td></td><td>规格</td><td></td><td>单位</td><td></td></tr>
<tr><td>账面数量</td><td></td><td>盘点实存</td><td colspan="3"></td></tr>
<tr><td>差量</td><td></td><td>说明</td><td colspan="3"></td></tr>
<tr><td>复盘人</td><td colspan="5"></td></tr>
<tr><td>盘点人</td><td colspan="5"></td></tr>
</table>

表 8-9　盘点卡

盘点序列号：　　　　　盘点范围：　　　　　　　　　　　　年　　月　　日

<table>
<tr><td>类别</td><td></td><td>货位地址</td><td colspan="3"></td></tr>
<tr><td>品名</td><td></td><td>批次</td><td colspan="3"></td></tr>
<tr><td>入库单号</td><td></td><td>规格</td><td></td><td>单位</td><td></td></tr>
<tr><td>账面数量</td><td></td><td>盘点实存</td><td colspan="3"></td></tr>
<tr><td>差量</td><td></td><td>说明</td><td colspan="3"></td></tr>
<tr><td>复盘人</td><td colspan="5"></td></tr>
<tr><td>盘点人</td><td colspan="5"></td></tr>
</table>

表 8-10　盘点卡

盘点序列号：　　　　　盘点范围：　　　　　　　　　　　　年　　月　　日

<table>
<tr><td>类别</td><td></td><td>货位地址</td><td colspan="3"></td></tr>
<tr><td>品名</td><td></td><td>批次</td><td colspan="3"></td></tr>
<tr><td>入库单号</td><td></td><td>规格</td><td></td><td>单位</td><td></td></tr>
<tr><td>账面数量</td><td></td><td>盘点实存</td><td colspan="3"></td></tr>
<tr><td>差量</td><td></td><td>说明</td><td colspan="3"></td></tr>
<tr><td>复盘人</td><td colspan="5"></td></tr>
<tr><td>盘点人</td><td colspan="5"></td></tr>
</table>

表 8-11 盘点卡

盘点序列号：　　　　盘点范围：　　　　年　月　日

<table>
<tr><td>类别</td><td></td><td>货位地址</td><td colspan="3"></td></tr>
<tr><td>品名</td><td></td><td>批次</td><td colspan="3"></td></tr>
<tr><td>入库单号</td><td></td><td>规格</td><td></td><td>单位</td><td></td></tr>
<tr><td>账面数量</td><td></td><td>盘点实存</td><td colspan="3"></td></tr>
<tr><td>差量</td><td></td><td>说明</td><td colspan="3"></td></tr>
<tr><td>复盘人</td><td colspan="5"></td></tr>
<tr><td>盘点人</td><td colspan="5"></td></tr>
</table>

表 8-12 盘点卡

盘点序列号：　　　　盘点范围：　　　　年　月　日

<table>
<tr><td>类别</td><td></td><td>货位地址</td><td colspan="3"></td></tr>
<tr><td>品名</td><td></td><td>批次</td><td colspan="3"></td></tr>
<tr><td>入库单号</td><td></td><td>规格</td><td></td><td>单位</td><td></td></tr>
<tr><td>账面数量</td><td></td><td>盘点实存</td><td colspan="3"></td></tr>
<tr><td>差量</td><td></td><td>说明</td><td colspan="3"></td></tr>
<tr><td>复盘人</td><td colspan="5"></td></tr>
<tr><td>盘点人</td><td colspan="5"></td></tr>
</table>

表 8-13 盘点卡

盘点序列号：　　　　盘点范围：　　　　年　月　日

<table>
<tr><td>类别</td><td></td><td>货位地址</td><td colspan="3"></td></tr>
<tr><td>品名</td><td></td><td>批次</td><td colspan="3"></td></tr>
<tr><td>入库单号</td><td></td><td>规格</td><td></td><td>单位</td><td></td></tr>
<tr><td>账面数量</td><td></td><td>盘点实存</td><td colspan="3"></td></tr>
<tr><td>差量</td><td></td><td>说明</td><td colspan="3"></td></tr>
<tr><td>复盘人</td><td colspan="5"></td></tr>
<tr><td>盘点人</td><td colspan="5"></td></tr>
</table>

表 8-14　盘点卡

盘点序列号：　　　　盘点范围：　　　　　　　　年　月　日

类别		货位地址			
品名		批次			
入库单号		规格		单位	
账面数量		盘点实存			
差量		说明			
复盘人					
盘点人					

表 8-15　盘点卡

盘点序列号：　　　　盘点范围：　　　　　　　　年　月　日

类别		货位地址			
品名		批次			
入库单号		规格		单位	
账面数量		盘点实存			
差量		说明			
复盘人					
盘点人					

表 8-16　盘点卡

盘点序列号：　　　　盘点范围：　　　　　　　　年　月　日

类别		货位地址			
品名		批次			
入库单号		规格		单位	
账面数量		盘点实存			
差量		说明			
复盘人					
盘点人					

表 8-17 盘点盈亏汇总表（表三）

盘点序列号：　　　　　　盘点范围：　　　　　　年　月　日

类别	品名	货位地址	批次	入库单号	规格	单位	数量	单价 / 元	盈（+）亏（-）/ 元	原因	改善建议或措施

续表

类别	品名	货位地址	批次	入库单号	规格	单位	数量	单价 / 元	盈（+）亏（-）/ 元	原因	改善建议或措施

制表人：　　　　　　仓库主管：　　　　　　财务部门：

备注：差异原因一般是指记账时间差异、计算错误、规格不符、漏记、丢失、损耗、损坏、改变包装、错发货、其他。

（四）实训报告

填写实训报告，见表 8-18。

表 8-18　实训报告

姓名		学号	
专业		班级	
实训日期		指导教师	
实训项目			
实训收获及反思			

09 项目九

补货作业

Chapter

学习目标

素养目标

- 树立敬业精神、安全意识、节约意识和劳动意识
- 培养学生的团队协作能力和沟通意识
- 培养学生精益求精的工匠精神
- 培养学生吃苦耐劳的优良品质
- 培养学生分析问题、解决问题的能力

知识目标

- 掌握各种补货方法
- 熟悉补货时机的影响因素
- 掌握补货数量的计算方法

技能目标

- 能够根据作业情况合理选择补货时机
- 能够及时接收补货指令，有效进行补货作业现场实施
- 能够将补货作业与库存合理化分析结合
- 能够运用自动化设备完成补货作业

建议学时： 2～4课时

思维导图

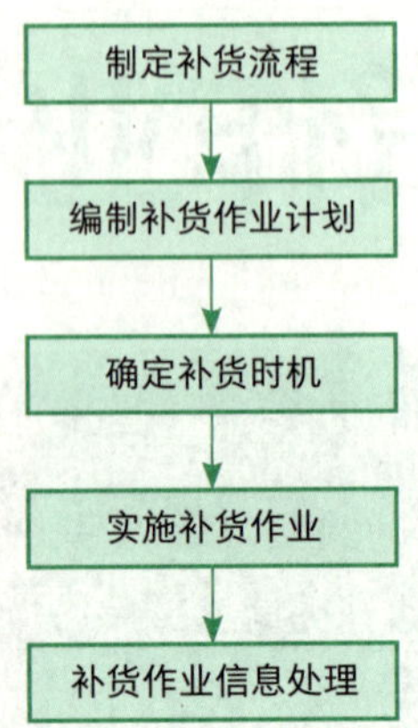

一、项目概述

根据仓储货物流动需求，制订补货作业计划，将物品从货物保管区移到动管区，然后将此移库作业进行库存信息处理。

二、工作依据

- 《物流术语》（GB/T 18354—2021）
- 《物流中心作业通用规范》（GB/T 22126—2008）
- 《仓储作业规范》（SB/T 10977—2013）

三、实训环境与设施设备要求

（一）场地要求

在仓储实训室进行。实训场所的面积至少 200 m^2，能够满足每个班 40 人同时开展补货作业实训教学项目。

（二）设备要求

1. 装卸工具和搬运工具

装卸工具和搬运工具包括叉车、地牛、台车等。

(1) 手动托盘搬运车。

① 主要功能：依靠人力，用于低层货物成组化存取及装卸搬运，主要进行货物的水平位移。

② 技术要求：见《高等职业学校物流管理专业实训教学条件建设标准》中的“表 3 仓储实训室设备技术要求”。

（2）物料搬运台车。

① 主要功能：用于生产物料配送。

② 技术要求：见《高等职业学校物流管理专业实训教学条件建设标准》中的“表 3 仓储实训室设备技术要求”。

2. 集装容器

集装容器包括托盘、料盒。

（1）托盘。

① 主要功能：用于货物集结、成组化堆码，便于货物装卸和搬运。

② 技术要求：商务部推荐规格为 1 200 mm × 1 000 mm；材质为木制、塑料等；托盘的高度应匹配货位、运输。

（2）周转箱。

① 主要功能：用于盛装货物并封箱，可多次周转，反复使用。

② 技术要求：材质为塑料抗冲击改性 PP；基础尺寸为 600 mm × 400 mm 或与物流模数相匹配。

（3）料盒。

① 主要功能：用于存储生产物料。

② 技术要求：根据实训物料大小选择。

（4）横梁式货架（托盘式货架）。

① 主要功能：用于成组化货物仓储业务，为存储型货架。

② 技术要求：见《高等职业学校物流管理专业实训教学条件建设标准》中的“表 3 仓储实训室设备技术要求”。

（5）流利式货架。

① 主要功能：用于小批量货物仓储业务，为拣选型货架，利用重力实现货物的自动化先进先出存储。

② 技术要求：见《高等职业学校物流管理专业实训教学条件建设标准》中的“表 3 仓储实训室设备技术要求”。

四、项目岗位能力要求

该项目面向补货作业的主要工作内容、基本技术、相关知识、技能要求、职业素养，如表 9-1 所示。

表 9-1　补货作业岗位能力要求

职业岗位	主要工作内容	基本技术	相关知识	技能要求	职业素养
仓管员	补货作业	制定补货流程	补货方式	整箱补货，是由料架保管区补货至流动棚架的动管区； 整托补货(一)，是由地坪堆叠保管区补货至地坪堆叠动管区； 整托补货(二)，是由地坪堆叠保管区补货至托盘货架动管区； 货架上层至货架下层的补货，由上层作为保管区向下层的动管区补货	补货动线的制定要考虑安全因素；补货流程的制定要兼顾存储成本与作业效率
		编制补货作业计划	补货作业计划内容	确定补货作业任务，编制补货作业计划	以补货任务为驱动，在编制计划过程中，培养分析问题、解决问题的能力
		确定补货时机	补货时机选择方法	批次补货，在每一天或每一批次拣取前，经由计算机计算所需物品的总拣取量，再查看动管拣货区的物品量，计算差额并在拣取前的特定时点补足物品； 定时补货，将每天划分为数个时点，补货人员在时段内检查动管拣货区货架上物品的存量，若不足即马上将货架补满； 随机补货，指定专门的补货人员，随时巡视动管拣选区的物品存量，若有不足应随时补货	补货时机选择要恰到好处，及时、高效，是一个精益求精、不断完善的过程
		实施补货作业	补货作业要求	将物品从货物保管区移到动管区进行补货操作	随时能够按指令完成任务，培养了敬业精神，操作性工作培养了劳动意识；在持续的工作任务中，养成了吃苦耐劳的优良品质
		补货作业信息处理	补货信息管理内容	及时调整货物库存状态，做到料、卡、物相符	补货信息处理要在不同岗位、部门间沟通、协作；数据相符，要做到精益求精，不差分毫

虚拟仿真：补货作业

动画：AGV 补货上架流程

五、考核评价标准

补货作业考核评分表如表 9-2 所示。

表 9-2　补货作业考核评分表

专业　　　　　　　　班级　　　　　　　　姓名（小组）

考核项目	评分标准及说明	项目分值 / 分
缺货查询	补货信息表填写正确得10分；每错扣1分，最多扣10分	10
填写补货单	补货品名填写正确得10分；每错扣5分，最多扣10分	10
	补货数量及单位填写正确得10分；每错扣5分，最多扣10分	10
制定补货作业计划	取货地址填写正确得10分；每错扣5分，最多扣10分	10
	补货地址填写正确得10分；每错扣5分，最多扣10分	10
	补货品名、数量、单位填写齐全、正确得10分；每错扣2分，最多扣10分	10
实施补货作业	补货搬运工具选择合理得5分；不合理扣5分	5
	补货路线选择合理、有序得10分；不合理扣10分	10
	取货、放货动作规范，无掉货现象得15分；操作每错扣5分，最多扣15分	15
	作业时间（时间为：　秒）由教师根据实际作业场景合理制定时间要求	
补货作业信息处理	补货信息处理及时、准确得10分；未完成扣10分	10
合计		100

考核日期：　　年　月　日

六、技能训练内容

（一）资料包

1. 基础数据

货位信息资料见表 9-3 和表 9-4。

表 9-3 托盘货架存储区

货位	02-03-02-03	01-01-02-01	02-02-02-03	01-04-01-02	02-03-05-02
品名	脆香饼干	婴儿纸巾	婴儿美奶粉	婴儿湿巾	梦阳奶粉
规格	1 × 12桶	1 × 6袋	1 × 24罐	1 × 24盒	1 × 20袋
存储单位	箱	箱	箱	箱	箱
数量	24	30	20	23	18
货位	01-03-02-02	02-01-02-02	01-02-02-01	01-04-01-03	01-03-05-01
品名	婴儿纸尿裤（大片装）	可乐年糕	艾尔湿纸巾	可乐磁化杯	多乐儿童牙膏
规格	1 × 48片	1 × 24袋	1 × 24包	1 × 24个	1 × 80支
存储单位	箱	箱	箱	箱	箱
数量	24	30	20	23	18
货位	01-03-02-01	02-01-02-03	02-02-02-02	02-04-01-01	02-03-05-03
品名	顺心奶嘴	金谷精品杂粮营养粥	金谷精品杂粮营养粥	金谷精品杂粮营养粥	金多多婴儿营养米粉
规格	1 × 48盒	1 × 24瓶	1 × 24瓶	1 × 24瓶	1 × 60支
存储单位	箱	箱	箱	箱	箱
数量	24	30	30	30	18

表 9-4 拆零拣选区

货位	09-02-03-04	09-01-04-02	09-02-03-02	09-03-01-02	09-04-02-01
品名	脆香饼干	婴儿纸巾	婴儿美奶粉	婴儿湿巾	梦阳奶粉
规格	1 000 g	5包	500 g	100张	250 g
拣选单位	桶	袋	罐	盒	袋

续表

补货前数量	12	9	13	32	90
存储上/下限	80/10	60/8	70/10	60/10	100/20

2. 补货任务单

补货任务单如表 9-5 所示。

表 9-5　补货任务单

作业地点：托盘货架存储区、拆零拣选区。 时间要求：15分钟。 质量要求：补货及时、准确。 补货方法：定时补货。 作业人员签名： 作业日期：　　　年　　月　　日

（二）作业或设计要求

（1）查询并填制零货区补货信息，见表 9-6。

（2）填写补货单，见表 9-7。

（3）制订补货作业计划，见表 9-8。

（4）将补充物品移入对应货位。

（5）补货信息处理。

（三）作业项目所需账、卡、表、单

表 9-6　零货区补货信息

缺货品名	规格单位	现有库存	零货区货位存储限额	保管区库存数	单位

表 9-7　补货单

品名	数量	单位

表 9-8　补货作业计划

序号	品名	取货地址	补货地址	数量	单位

（四）实训报告

填写实训报告，见表 9-9。

表 9-9　实训报告

姓名		学号	
专业		班级	
实训日期		指导教师	
实训项目			
实训收获及反思			

10 项目十

Chapter

智慧拣选作业

学习目标

素养目标

- 树立敬业精神、安全意识、成本优化意识和劳动意识
- 培养学生的团队协作能力
- 培养学生分析问题、解决问题的能力

知识目标

- 熟悉智慧拣选必需的基础知识
- 熟悉拣选单元
- 掌握拣选方式
- 掌握拣选作业流程

技能目标

- 能够将订单和出库单转化为拣选单
- 能够优化拣货路径
- 能够合理使用拣选和搬运工具，完成“人—机”和“机—机”拣选作业
- 能够在拣选过程中实现零货损、零失误，提高工作效率
- 能够熟练进行月台理货

建议学时： 4 ~ 8 课时

思维导图

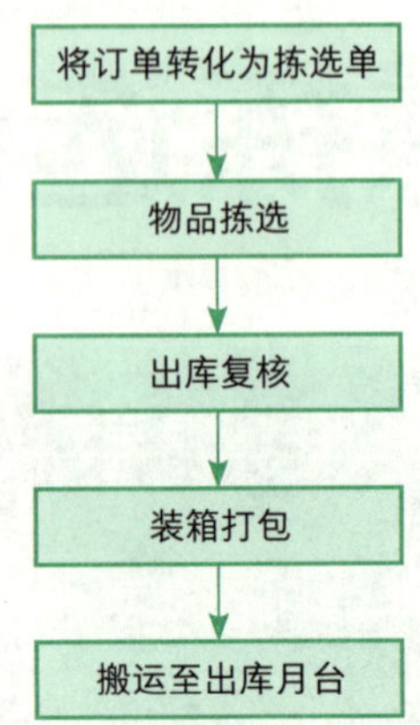

一、项目概述

智慧拣选是指以物联网技术为基础，综合运用相关信息技术，按订单或出库单的要求，根据不同物品的属性、不同的需求、不同的存储条件、不同技术水平的劳动者，用不同的拣选方式从储存场所拣出物品的作业。本项目要求学生根据接到的客户订单，优化作业过程，将客户订单转化为拣选单，并按照拣选单完成“人—机”和“机—机”拣选作业。

二、工作依据

- 《物流术语》(GB/T 18354—2021)
- 《仓储从业人员职业资质》(GB/T 21070—2007)
- 《物流中心作业通用规范》(GB/T 22126—2008)
- 《仓储作业规范》(SB/T 10977—2013)

三、场地与设备要求

(一) 场地要求

在配送实训室进行。实训场所面积至少 200 m^2，能够满足每个班 40 人同时开展拣选作业实训教学项目。

（二）设备要求

1. 流利式货架

流利式货架可与 DPS 配套使用。

（1）主要功能：用于小批量货物的仓储业务，为拣选型货架，利用重力实现货物的自动化先进先出存储。

（2）技术要求：见《高等职业学校物流管理专业实训教学条件建设标准》中的“表 4 配送实训室设备要求”。

2. DPS（电子标签拣选系统）

（1）主要功能：用电子标签指示应拣取的物品及数量，辅助拣货人员作业，减少目标寻找的时间。

（2）技术要求：见《高等职业学校物流管理专业实训教学条件建设标准》中的“表 4 配送实训室设备要求”。

3. 智能拣货台车系统

（1）主要功能：针对订单数量多、订货品项少、单品订货数量小的特点，最佳的解决方案应是多订单拣货台车的应用。这种模式可以大幅度缩短拣货动线，化零为整，一次性完成多笔订单的拣选，效率也随之大幅上升。

（2）技术要求：见《高等职业学校物流管理专业实训教学条件建设标准》中的“表 4 配送实训室设备要求”。

4. 轻型搁板式货架

（1）主要功能：用于轻、小货物及散件物品的仓储业务，为存储型货架。

（2）技术要求：见《高等职业学校物流管理专业实训教学条件建设标准》中的“表 3 仓储实训室设备要求”。

5. 横梁式货架（托盘式货架）

（1）主要功能：用于成组化货物仓储业务，为存储型货架。

（2）技术要求：见《高等职业学校物流管理专业实训教学条件建设标准》中的“表 3 仓储实训室设备要求”。

6. 托盘

（1）主要功能：用于货物集结、成组化堆码，便于货物装卸和搬运。

（2）技术要求：见《高等职业学校物流管理专业实训教学条件建设标准》中的“表 4 配送实训室设备要求”。

7. 手持式 RF 智能终端（可根据需要从 7 ~ 10 中任选一种）

（1）主要功能：用于入库、盘点、出库等业务操作。

（2）技术要求：见《高等职业学校物流管理专业实训教学条件建设标准》中的“表 4 配送实训室设备要求”。

8. 穿戴式 RF 智能终端（可根据需要从 7 ~ 10 中任选一种）

（1）主要功能：无须手持，支持边工作边采集现场数据，尤其适用于物流仓储中的拣货和分拣作业。

（2）技术要求：见《高等职业学校物流管理专业实训教学条件建设标准》中的“表 4 配送实训室设备要求”。

9. 条码扫描器（一维）（可根据需要从 7 ~ 10 中任选一种）

（1）主要功能：用于一维条码符号进行阅读和译码。

（2）技术要求：见《高等职业学校物流管理专业实训教学条件建设标准》中的“表 4 配送实训室设备要求”。

10. 条码扫描器（二维）（可根据需要从 7 ~ 10 中任选一种）

（1）主要功能：用于二维条码符号进行阅读和译码。

（2）技术要求：见《高等职业学校物流管理专业实训教学条件建设标准》中的“表 4 配送实训室设备要求”。

11. 条码打印机

（1）主要功能：用于一维、二维条码打印。

（2）技术要求：见《高等职业学校物流管理专业实训教学条件建设标准》中的“表 4 配送实训室设备要求”。

12. 条码识别系统

（1）主要功能：用于识别条码所代表的信息。

（2）技术要求：见《高等职业学校物流管理专业实训教学条件建设标准》中的“表 4 配送实训室设备要求”。

13. 包装箱

（1）主要功能：用于保护物品、方便储运。

（2）技术要求：选取 3 种不同规格的包装箱，其规格数量如下：

① 448 mm × 276 mm × 150 mm（43 个）；

② 265 mm × 210 mm × 150 mm（34 个）；

③ 316 mm × 216 mm × 150 mm（18 个）。

14. 仓储管理系统

（1）主要功能：用于仓储作业和相关业务的管理。

（2）技术要求：见《高等职业学校物流管理专业实训教学条件建设标准》中的“表 3 仓储实训室设备要求”。

15. 理货台

（1）主要功能：用于货物的理货作业。

（2）技术要求：见《高等职业学校物流管理专业实训教学条件建设标准》中的“表 3 仓储实训室设备要求”。

16. 周转箱

（1）主要功能：用于盛装货物并封箱，可多次周转、反复使用。

（2）技术要求：见《高等职业学校物流管理专业实训教学条件建设标准》中的“表4 配送实训室设备要求”。

17. 手动托盘搬运车

（1）主要功能：依靠人力，用于低层货物成组化存取及装卸搬运，主要进行货物的水平位移。

（2）技术要求：见《高等职业学校物流管理专业实训教学条件建设标准》中的“表4 配送实训室设备要求”。

18. 电动叉车

（1）主要功能：用于中高层货位货物的存取或对成件托盘货物进行装卸和搬运作业。

（2）技术要求：见《高等职业学校物流管理专业实训教学条件建设标准》中的“表4 配送实训室设备要求”。

19. 无人搬运叉车

（1）主要功能：用于搬运作业。无人搬运设备可替代传统人工搬运车和手动托盘搬运车，提高物流作业效率。

（2）技术要求：见《高等职业学校物流管理专业实训教学条件建设标准》中的“表4 配送实训室设备要求”。

四、项目岗位能力要求

该项目面向智慧拣选作业的主要工作内容、基本技术、相关知识、技能要求、职业素养，如表 10-1 所示。

表 10-1　智慧拣选作业岗位能力要求

职业岗位	主要工作内容	基本技术	相关知识	技能要求	职业素养
仓管员	智慧拣选作业	拣选单制作	拣选单的应用范围及必备要素	能够理解出库单和订单，并能够根据出库单或订单完成拣选单的制作	通过分析出库单和订单的特点，将其转化为拣选单，提升分析问题、解决问题的能力
仓管员	智慧拣选作业	拣选方式选择	订单拣选 批量拣选 复合拣选	能够掌握不同拣选方式的区别与联系，并根据客户订单的特点选择适宜的拣选方式	通过选择适宜的拣选方式，节省作业时间和作业成本，树立成本优化意识和节约意识
仓管员	智慧拣选作业	拣选作业组织	拣选作业流程	能够根据出库单和订单的特点进行有序的拣选作业，在拣选过程中实现零货损、零失误，提高工作效率	通过团队协作，应用智慧设备完成“人—机”和“机—机”拣选作业，在作业过程中树立敬业精神、安全意识和劳动意识
仓管员	智慧拣选作业	智慧设备使用	智慧设备操作规范	熟练掌握智慧设备操作流程，能够运用智慧拣选设备完成拣选作业	通过团队协作，应用智慧设备完成“人—机”和“机—机”拣选作业，在作业过程中树立敬业精神、安全意识和劳动意识

五、考核评价标准

智慧拣选作业考核评分表，见表 10-2 所示。

表 10-2 智慧拣选作业考核评分表

专业　　　　　　　　班级　　　　　　　　姓名（小组）

考核项目	评分标准及说明	项目分值 / 分
拣选单制作	设计订单拣选单，简洁明了，内容正确得10分；每错扣2分，最多扣10分	10
	设计批量拣选单，简洁明了，内容正确得10分；每错扣2分，最多扣10分	10
智慧拣选作业效率	时间：　分　秒 以完成时间最短为15分；每多10秒扣1分，最多扣15分	15
智慧拣选作业	拣选货物品种正确得15分；每错扣3分，最多扣15分	15
	拣选货物数量正确得10分；每错扣2分，最多扣10分	10
	拣选过程合理，没有迂回和重复得5分；过程不合理扣5分	5
	智能设施设备操作规范，无危险和违规操作得5分；有错扣5分	5
	搬运过程中没出现工具倾翻、漏货、撒货等现象得5分；有错扣5分	5
	分拣过程注意动作幅度，轻拿轻放，保护货物安全操作正确得5分；操作错误扣5分	5
	在作业场地实施5S管理得5分；未实施5S管理扣5分	5
流程图绘制	流程图图例使用正确得5分；有错扣5分	5
	作业流程图中包括信息流、物流，绘制正确得10分；每少一条扣5分；每错扣3分；最多扣10分	10
合计		100

考核日期：　　年　月　日

六、技能训练内容

（一）资料包

某物流公司将仓库按 B2B、B2C 两种业务类型划分区域。

仓库一区服务于 B2B 业务，货物储存在拆零拣选区和托盘货架区，托盘货架区共分为 A、B 两个区，A 区存放日用品，采用货架存储形式；B 区存放饮料，采用地面存储形式。现收到 3 张出库单，需要将其转化为拣选单，并按照拣选单完成拣选作业。

仓库二区服务于 B2C 业务，货物储存在整箱存储区和拆零拣选区，整箱存储区为自动化立体仓库，拆零拣选区为料箱自动化储存平台和智能拣选系统。现收到客户订单，需要将订单信息在仓储管理系统中维护，并应用智能拣选设备完成拣选作业。

1. 货物储存情况

虚拟仿真：仓库一区拣选作业

（1）仓库一区。拆零拣选区采用流利式货架，可与 DPS 配套使用，或者采用智能拣货台车系统；托盘货架区采用横梁式货架（托盘式货架）。

① 拆零拣选区库存明细见表 10-3。

表 10-3　拆零拣选区库存明细表

序号	储位编码	货物条码	货物名称	数量	品类	单位
1	A000000	6922266462511	清风原木精品	8	日用品	卷
2	A000001	6922868288052	心相印茶语丝享四层卷纸	7	日用品	卷
3	A000002	6922868283101	心相印心柔三层卷纸	8	日用品	卷
4	A000003	6903148015834	佳洁士天然多效草本水晶牙膏	6	日用品	个
5	A000004	6927034953215	航母大号背心式垃圾袋厚实型	10	日用品	袋
6	A000005	6932835313953	24 色彩色铅笔	8	日用品	套
7	A000100	6921317905014	康师傅冰红茶（500 ml）	9	饮料	瓶
8	A000101	6921317905168	康师傅绿茶（500 ml）	9	饮料	瓶
9	A000102	6954767410173	可口可乐（300 ml）	10	饮料	瓶
10	A000103	6921168509256	农夫山泉（550 ml）	10	饮料	瓶
11	A000104	6921168511280	农夫山泉（380 ml）	7	饮料	瓶
12	A000105	6954767470573	冰露矿泉水（550 ml）	9	饮料	瓶

② 托盘货架区库存明细（方括号内数字表示批号）见表 10-4 和表 10-5。

表 10-4　托盘货架区库存明细（A 区）

日用品区（A 区）		
清风原木精品（15箱）[0828]	清风原木精品（28箱）[1015]	
A00200	A00201	A00202
雕牌高效洗洁精（18箱）[0908]		
A00100	A00101	A00102
心相印心柔三层卷纸（13箱）[0921]	心相印心柔三层卷纸（13箱）[1020]	
A00000	A00001	A00002

表 10-5　托盘货架区库存明细（B 区）

饮料区（B 区）		
农夫山泉（550 ml）（8箱）[0828]		
B00000	B00001	B00002

虚拟仿真：仓库二区拣选作业

（2）仓库二区。货物储存在整箱存储区（自动化立体仓库）和拆零拣选区（料箱自动化存储平台），整箱存储区为自动化立体仓库（可配合工业搬运机器人），拆零拣选区采用料箱自动化存储平台和智能拣选系统两种方式存储。

① 整箱存储区（自动化立体仓库）。在此区域内货物以箱为单位规则码放在托盘上，通过自动化立体仓库完成自动存取作业。当收到客户整箱货物订单时，通过 WMS 系统完成订单录入，之后在系统控制下将整托货物从自动化立体仓库中取出，由工业搬运机器人完成整箱货物的拣选，并将拣选出的货物放置在自动化输送线上，其余货物再完成返库作业。

视频：自动化立体仓库

如学校没准备所需自动化设施设备，也可应用横梁式货架（托盘式货架）、手动托盘搬运车、电动叉车等设施设备，由人工模拟完成。整箱存储区库存明细表如表 10-6 所示。

表 10-6　整箱存储区库存明细表

序号	储位编码	货物条码	货物名称	规格 /（ml/ 盒）	包装规格 /（盒 / 箱）	数量 / 箱	品类
1	LK00001	6923644282479	蒙牛纯牛奶 PURE MILK	250	16	40	食品
2	LK00002	6923644240424	蒙牛低脂高钙纯牛奶	250	16	40	食品
3	LK00003	6923644282028	蒙牛特仑苏纯牛奶	250	16	40	食品
4	LK00004	6923644281564	蒙牛纯甄常温酸牛奶	200	24	36	食品
5	LK00005	6923644281908	蒙牛真果粒礼盒装	250	24	36	食品
6	LK00006	6923644266318	蒙牛特仑苏纯牛奶	250	12	40	食品
7	LK00007	6923644284947	蒙牛纯甄巴氏杀菌热处理风味酸牛奶饮用型瓶装	230	10	40	食品
8	LK00008	6923644298067	蒙牛真果粒牛奶饮品白桃树莓味	240	12	40	食品
9	LK00009	6923644296247	蒙牛真果粒花果轻乳樱花白桃味乳酸菌 PET	230	10	40	食品
10	LK00010	6923644296018	蒙牛早餐奶麦香味利乐包	250	16	40	食品
11	LK00011	6923644296025	蒙牛早餐奶红枣味利乐包	250	16	40	食品
12	LK00012	6923644296001	蒙牛早餐奶核桃味利乐包	250	16	40	食品
13	LK00013	6923644295110	蒙牛小充食脱脂纯牛奶	250	24	36	食品
14	LK00014	6923644287634	蒙牛脱脂纯牛奶	250	24	36	食品
15	LK00015	6923644285265	蒙牛新养道零乳糖低脂型	250	15	40	食品

续表

序号	储位编码	货物条码	货物名称	规格/（ml/盒）	包装规格/（盒/箱）	数量/箱	品类
16	LK00016	6923644241254	蒙牛利乐枕高钙牛奶	240	16	40	食品
17	LK00017	6923644241780	蒙牛利乐枕纯牛奶	240	16	40	食品
18	LK00018	6907992513393	伊利畅意100%原味乳酸菌	100	30	40	食品
19	LK00019	6907992514482	伊利舒化无乳糖牛奶全脂型	220	12	40	食品
20	LK00020	6907992516851	伊利舒化无乳糖全脂型	220	24	36	食品
21	LK00021	6907992513737	伊利安慕希酸奶原味	205	12+4	40	食品
22	LK00022	6907992513829	伊利安慕希风味酸奶、黄桃燕麦风味酸奶	200	10	40	食品
23	LK00023	6907992515625	伊利金典纯牛奶	250	24	36	食品
24	LK00024	6907992514628	伊利舒化高钙笑脸包	220	12	40	食品
25	LK00025	6907992514635	伊利舒化低脂盒笑脸包	220	12	40	食品
26	LK00026	6907992516790	伊利高钙低脂纯牛奶	250	24	36	食品
27	LK00027	6907992514826	伊利畅意100%乳酸菌饮品低糖	100	30	40	食品
28	LK00028	6907992516714	伊利安慕希高端颗粒系列青橘、葡萄柚、青稞	200	10	40	食品
29	LK00029	6907992516783	伊利安慕希高端畅饮系列猕猴桃、青提、混合果肉	230	10	40	食品

续表

序号	储位编码	货物条码	货物名称	规格/（ml/盒）	包装规格/（盒/箱）	数量/箱	品类
30	LK00030	6907992514383	伊利植选浓香原味豆乳豆奶	250	12	40	食品
31	LK00031	6907992514833	伊利优酸乳果粒缤纷装酸奶	245	24	36	食品
32	LK00032	6907992514567	伊利优酸乳果果昔酸奶	210	12	40	食品
33	LK00033	6907992514864	伊利味可滋芝士莓果牛奶饮品	240	12	40	食品
34	LK00034	6907992514512	伊利脱脂牛奶营养健康早餐奶	250	24	36	食品
35	LK00035	6907992516301	伊利金典梦幻盖有机纯牛奶早餐奶整箱	250	10	40	食品
36	LK00036	6907992514642	伊利金典有机纯牛奶	250	16	40	食品
37	LK00037	6907992514352	伊利安慕希希腊酸奶草莓味	205	12	40	食品
38	LK00038	6907992514604	伊利安慕希芒果百香果味	230	10	40	食品
39	LK00039	6907992515533	伊利安慕希高端畅饮橙+凤梨味	230	10	40	食品
40	LK00040	6907992514895	伊利QQ星营养果浆混合莓味	100	30	40	食品

② 拆零拣选区（料箱自动化存储平台）。在此区域的货物以件为单位存放在周转箱中，应用料箱自动化存储平台完成货物存储作业及拣选作业。当收到客户单件货物订单时，通过 WMS 系统完成订单录入，之后在系统控制下由穿梭车依次将周转箱从料箱自动化存储平台中取出，从自动化输送线将货物搬运至货到人拣选工作站，作业人员根据系统提示完成货物拣选，其余货物再完成返库作业，拣选完成后由自动化输送线搬运至复核包装台。

视频：货到人拣选系统

如学校没准备所需自动化设施设备，也可应用阁楼式货架、手推车、手动打包机等设施设备，由人工模拟完成。拆零拣选区库存明细表如表 10-7 所示。

虚拟仿真：密集库

虚拟仿真：密集库电子标签

表 10-7　拆零拣选区库存明细表

序号	储位编码	货物条码	货物名称	规格 /（g 或 ml）	数量	品类	单位
1	CA00001	6932588520806	自嗨锅雪菜扣肉煲仔饭自热米饭	245	10	食品	件
2	CA00002	6971415832705	自嗨锅牛肉重庆小面即食懒人自热火锅	75	10	食品	件
3	CA00003	6971415832699	自嗨锅牛肉重庆小面即食冲泡款	103	10	食品	件
4	CA00004	6971415832668	自嗨锅牛肉粉丝汤	95	10	食品	件
5	CA00005	6971415832675	自嗨锅牛肉粉丝汤	72	10	食品	件
6	CA00006	6971415833078	自嗨锅梅菜扣肉煲仔饭	260	10	食品	件
7	CA00007	6971415833504	自嗨锅咖喱牛肉煲仔饭	260	10	食品	件
8	CA00008	6971415832262	自嗨锅画饼充饥杂粮煎饼	31	10	食品	件
9	CA00009	6971415832255	自嗨锅广式香肠煲仔饭	230	10	食品	件
10	CA00010	6971415830763	自嗨锅番茄牛腩自热小火锅	238	10	食品	件
11	CA00011	6971415832286	自嗨锅川味腊肠煲仔饭	230	10	食品	件
12	CA00012	6925303710910	统一生活面汤达人酸酸辣辣豚骨拉面	130 × 5	10	食品	件
13	CA00013	6925303714840	统一生活面汤达人日式豚骨拉面	130	10	食品	件
14	CA00014	6925303793401	统一生活面汤达人韩式辣牛肉面	125 × 5	10	食品	件
15	CA00015	6925303793449	统一生活面汤达人韩式辣牛肉面	127	10	食品	件
16	CA00016	6925303714086	统一来一桶红烧牛肉面	105	10	食品	件
17	CA00017	6920152432709	康师傅经典酸辣牛肉面	108 × 5	10	食品	件

续表

序号	储位编码	货物条码	货物名称	规格 /（g或ml）	数量	品类	单位
18	CA00018	6937962104498	康师傅韩式火鸡拌面	100 × 5	10	食品	件
19	CA00019	6920152471517	康师傅大食代红烧牛肉面	120 × 5	10	食品	件
20	CA00020	6937962100322	康师傅熬制高汤番茄鲜蔬面	101 × 5	10	食品	件
21	CA00021	6902083880781	娃哈哈桂圆莲子八宝粥	360	20	食品	件
22	CA00022	6902083881085	娃哈哈AD钙奶	220	20	食品	件
23	CA00023	6902265111597	海天精选生抽	1 750	10	食品	件
24	CA00024	6902265114321	海天特级金标生抽	500	20	食品	件
25	CA00025	6902265114345	海天特级一品鲜酱油	500	20	食品	件
26	CA00026	6902265115014	海天海鲜酱油	1 750	10	食品	件
27	CA00027	6902265115182	海天特级金标生抽	1 750	10	食品	件
28	CA00028	6902265128410	海天味极鲜酱油	1 280	10	食品	件
29	CA00029	6902265150008	海天味极鲜特级酱油	380	20	食品	件
30	CA00030	6902265150022	海天味极鲜酱油	1 900	10	食品	件
31	CA00031	6902265170198	海天鲜味生抽	1 900	10	食品	件
32	CA00032	6902265170501	海天鲜味生抽	500	20	食品	件
33	CA00033	6902265190219	海天陈醋	1 900	10	食品	件
34	CA00034	6902265194415	海天白米醋	1 900	10	食品	件
35	CA00035	6902265196716	海天清香米醋	1 900	10	食品	件
36	CA00036	6902265197119	海天陈酿料酒	1 900	10	食品	件
37	CA00037	6902265240037	海天老抽王	1 900	10	食品	件
38	CA00038	6902265300212	海天招牌拌饭酱	300	20	食品	件
39	CA00039	6902265310259	海天金标蚝油	265	20	食品	件
40	CA00040	6902265360018	海天上等蚝油	700	20	食品	件

视频：电子标签拣选（一对一）

视频：电子标签拣选（一对多）

③ 拆零拣选区（智能拣选系统）。在此区域内货物以件为单位存放在可搬运货架的货格中，应用智能拣选系统完成货物的拣选作业。当收到客户单件货物订单时，通过 WMS 系统完成订单录入，之后在系统控制下由机器人依次将货架搬运至多功能拣选工作站，作业人员根据系统提示完成货物拣选，拣选完成后由自动化输送线搬运至复核包装台。

如学校没准备所需自动化设施设备，也可应用流利式货架、手推车、手动打包机等设施设备，由人工模拟完成。拆零拣选区库存明细表如表 10-8 所示。

表 10-8　拆零拣选区库存明细表

序号	储位编码	货物条码	货物名称	数量	品类	单位
1	CB00001	6903624500090	狮王细齿洁精巧牙刷四支装	8	日用品	件
2	CB00002	6903624500250	狮王细齿洁弹力护龈牙刷四支装	8	日用品	件
3	CB00003	6903624500274	狮王细齿洁晶彩牙刷四支装	8	日用品	件
4	CB00004	6903624700421	狮王细齿洁炭能量牙刷特惠装家庭装	8	日用品	件
5	CB00005	6903624700513	狮王细齿洁亮彩牙刷情侣特惠装	8	日用品	件
6	CB00006	6903624700575	狮王细齿洁超能速净牙刷	8	日用品	件
7	CB00007	6903624800015	小狮王细丝牙刷（3～6岁）牙刷	8	日用品	件
8	CB00008	6917751430014	妙洁一次性保鲜袋抽取式大号50只装35 cm × 25 cm	8	日用品	件
9	CB00009	6917751430021	妙洁一次性保鲜袋抽取式中号70只装30 cm × 20 cm	8	日用品	件
10	CB00010	6917751430038	妙洁一次性保鲜袋抽取式小号100只装25cm × 17cm	8	日用品	件
11	CB00011	6917751430045	妙洁一次性点断式保鲜袋大号150只装35 cm × 25 cm	8	日用品	件
12	CB00012	6917751430229	妙洁PE密实袋自封袋食品密封袋大号15只	8	日用品	件
13	CB00013	6917751430236	妙洁PE密实袋自封袋食品密封袋中号25只	8	日用品	件
14	CB00014	6917751430335	妙洁一次性加厚不易破桌布八人桌180 cm × 180 cm × 8张	8	日用品	件
15	CB00015	6917751460035	妙洁百洁布抹布洗碗擦2片装	8	日用品	件
16	CB00016	6917751460073	妙洁百洁擦布洗碗布抹布4片装	8	日用品	件
17	CB00017	6917751461155	妙洁C型金属钢丝球3只装	8	日用品	件

续表

序号	储位编码	货物条码	货物名称	数量	品类	单位
18	CB00018	6920354813702	高露洁360度备长炭牙刷2支装	8	日用品	件
19	CB00019	6921734920577	Deli/得力2057美工刀	8	日用品	件
20	CB00020	6921734950048	Deli/得力5004_40页资料册	8	日用品	件
21	CB00021	6921734955388	Deli/得力5538抽杆夹	8	日用品	件
22	CB00022	6921734973016	得力7301学生儿童手工办公广告文具胶水35 ml	8	日用品	件
23	CB00023	6923074011328	美丽雅6层3片去油吸水百洁布	8	日用品	件
24	CB00024	6923074013698	美丽雅炫彩多用刷	8	日用品	件
25	CB00025	6923074015890	美丽雅波纹海绵百洁布	8	日用品	件
26	CB00026	6923074049611	美丽雅茶语加厚纸杯6.5盎司100只入	8	日用品	件
27	CB00027	6923074053793	美丽雅背心式抽取保鲜袋中号140只	8	日用品	件
28	CB00028	6923074069138	美丽雅厚实型双色垃圾袋背心式垃圾袋110只装	8	日用品	件
29	CB00029	6923074071759	美丽雅强力吸壁挂钩	8	日用品	件
30	CB00030	6940256602020	展艺烘焙工具厨房家用电子秤迷你台秤	8	日用品	件
31	CB00031	6940256622127	展艺烘焙工具食品级硅油纸包装纸20 cm	8	日用品	件
32	CB00032	6940256622158	展艺烘焙用纸双面硅油纸ZY2215	8	日用品	件
33	CB00033	6940256622424	展艺烘焙用纸铝箔纸ZY2242	8	日用品	件
34	CB00034	6940256630115	展艺烘焙工具不锈钢打蛋盆20 cm	8	日用品	件
35	CB00035	6940256631235	展艺烘焙工具树脂量杯500 ml	8	日用品	件
36	CB00036	6940256632393	展艺其他烘焙器具耐高温硅胶刮刀ZY3240	8	日用品	件
37	CB00037	6940256633024	展艺其他烘焙器具耐热手套（银色）ZY3302	8	日用品	件
38	CB00038	6940256633406	展艺其他烘焙器具PVC手套ZY3340	8	日用品	件
39	CB00039	6940256635004	展艺其他烘焙器具羊毛刷ZY3500	8	日用品	件
40	CB00040	6940256637008	展艺其他烘焙器具塑料刮板ZY3700	8	日用品	件

2. 出库单

(1) 仓库一区

出库单见表 10-9 至表 10-11。

表 10-9 出库订单 1

订单编号	CK1117	客户名称	明发集团	紧急程度		一般
库房	A市物流中心	出库类型	正常出库	是否送货		是
收货人	A超市					
计划出库时间	11月30日					
货物编码	货物名称	包装规格	总质量 / kg	数量 / 箱	批次	备注
6922266462511	清风原木精品	448 mm × 276 mm × 150 mm	60	10	/	先进先出

表 10-10 出库订单 2

订单编号	CK1118	客户名称	明发集团	紧急程度		一般
库房	A市物流中心	出库类型	正常出库	是否送货		否
收货人	B生活馆					
预计出库时间	11月30日					
货物编码	货物名称	包装规格	单位	数量	批次	备注
6922266462511	清风原木精品	/	卷	3	/	/
6921317905168	康师傅绿茶（500 ml）	/	瓶	3	/	/
6921317905014	心相印心柔三层卷纸	265 mm × 210 mm × 150 mm	箱	7	1 020	/
6932835313953	24色彩色铅笔	/	套	3	/	/

表 10-11 出库订单 3

订单编号	CK1119	客户名称	明发集团	紧急程度	一般	
库房	A市物流中心	出库类型	正常出库	是否送货	否	
收货人	C便利店					
预计出库时间	11月30日					
货物编码	货物名称	包装规格	单位	数量	批次	备注
6954767470573	冰露矿泉水（550 ml）	/	瓶	3	/	/
6922266462511	清风原木精品	/	卷	5	/	/
6921168509256	农夫山泉（550 ml）	265 mm × 210 mm × 150 mm	箱	6	/	/
6921168509256	农夫山泉（550 ml）	/	瓶	3	/	/

（2）仓库二区

客户 A～J 订单见表 10-12 至表 10-21。

表 10-12 客户 A 订单

订单编号：D11300101　　订货时间：11月30日

序号	货物条码	商品名称	单位	订购数量	备注
1	6923644282479	蒙牛纯牛奶PURE MILK250 ml × 16盒	箱	1	
2	6932588520806	自嗨锅雪菜扣肉煲仔饭245 g自热米饭	件	1	
3	6902083880781	娃哈哈桂圆莲子八宝粥360 g	件	2	
4	6925303714086	统一来一桶红烧牛肉面105 g	件	1	
5	6903624500090	狮王细齿洁精巧牙刷四支装	件	1	
6	6917751460035	妙洁百洁布抹布洗碗擦2片装	件	1	
7	6917751430229	妙洁PE密实袋自封袋食品密封袋大号15只	件	1	
合计				8	

表 10-13 客户 B 订单

订单编号：D11300102　　　　订货时间：11月30日

序号	货物条码	商品名称	单位	订购数量	备注
1	6923644282479	蒙牛纯牛奶PURE MILK250 ml × 16盒	箱	1	
2	6932588520806	自嗨锅雪菜扣肉煲仔饭245 g自热米饭	件	1	
3	6971415832668	自嗨锅牛肉粉丝汤95 g	件	1	
4	6925303710910	统一生活面汤达人酸酸辣辣豚骨拉面130 g × 5袋	件	1	
5	6903624500250	狮王细齿洁弹力护龈牙刷四支装	件	1	
6	6917751430014	妙洁一次性保鲜袋抽取式大号50只装35 cm × 25 cm	件	1	
7	6921734920577	Deli/得力2057美工刀	件	1	
合计				7	

表 10-14 客户 C 订单

订单编号：D11300103　　　　订货时间：11月30日

序号	货物条码	商品名称	单位	订购数量	备注
1	6923644282479	蒙牛纯牛奶PURE MILK250 ml × 16盒	箱	2	
2	6932588520806	自嗨锅雪菜扣肉煲仔饭245 g自热米饭	件	1	
3	6920152432709	康师傅经典袋酸辣牛肉面108 g × 5袋	件	1	
4	6925303710910	统一生活面汤达人酸酸辣辣豚骨拉面130 g × 5袋	件	1	
5	6903624500274	狮王细齿洁晶彩牙刷四支装	件	1	
6	6917751430021	妙洁一次性保鲜袋抽取式中号70只装30 cm × 20 cm	件	1	
7	6921734950048	Deli/得力5004_40页资料册	件	1	
合计				8	

表 10-15　客户 D 订单

订单编号: D11300104　　订货时间: 11月30日

序号	货物条码	商品名称	单位	订购数量	备注
1	6923644282479	蒙牛纯牛奶PURE MILK250 ml × 16盒	箱	1	
2	6902083881085	娃哈哈AD钙奶220 g	件	2	
3	6902083880781	娃哈哈桂圆莲子八宝粥360 g	件	3	
4	6920152432709	康师傅经典酸辣牛肉面108 g × 5袋	件	1	
5	6923074011328	美丽雅6层3片去油吸水百洁布	件	1	
6	6940256602020	展艺烘焙工具厨房家用电子秤迷你台秤	件	1	
7	6940256622158	展艺烘焙用纸双面硅油纸ZY2215	件	1	
合计				10	

表 10-16　客户 E 订单

订单编号: D11300105　　订货时间: 11月30日

序号	货物条码	商品名称	单位	订购数量	备注
1	6923644282479	蒙牛纯牛奶PURE MILK250 ml × 16盒	箱	1	
2	6902083881085	娃哈哈AD钙奶220 g	件	2	
3	6971415832668	自嗨锅牛肉粉丝汤95 g	件	1	
4	6925303714086	统一来一桶红烧牛肉面105 g	件	2	
5	6920354813702	高露洁360度备长炭牙刷2支装	件	1	
6	6917751461155	妙洁C型金属钢丝球3只装	件	1	
7	6923074013698	美丽雅炫彩多用刷	件	1	
合计				9	

表 10-17　客户 F 订单

订单编号: D11300106　　订货时间: 11月30日

序号	货物条码	商品名称	单位	订购数量	备注
1	6907992515625	伊利金典纯牛奶250 ml × 24盒	箱	1	
2	6971415832705	自嗨锅牛肉重庆小面即食懒人自热火锅	件	1	

续表

序号	货物条码	商品名称	单位	订购数量	备注
3	6971415832668	自嗨锅牛肉粉丝汤95 g	件	1	
4	6925303714086	统一来一桶红烧牛肉面105 g	件	1	
5	6903624700421	狮王细齿洁炭能量牙刷特惠装家庭装	件	1	
6	6923074015890	美丽雅波纹海绵百洁布	件	1	
7	6940256622127	展艺烘焙工具食品级硅油纸包装纸20 cm	件	1	
		合计		7	

表10–18　客户G订单

订单编号：D11300107　　订货时间：11月30日

序号	货物条码	商品名称	单位	订购数量	备注
1	6907992515625	伊利金典纯牛奶250 ml × 24盒	箱	1	
2	6971415832705	自嗨锅牛肉重庆小面即食懒人自热火锅	件	1	
3	6902083881085	娃哈哈AD钙奶220 g	件	1	
4	6902265111597	海天精选生抽1 750 ml	件	2	
5	6903624700513	狮王细齿洁亮彩牙刷情侣特惠装	件	1	
6	6917751430038	妙洁一次性保鲜袋抽取式小号100只装25 cm × 17 cm	件	1	
7	6940256622424	展艺烘焙用纸铝箔纸ZY2242	件	1	
		合计		8	

表10–19　客户H订单

订单编号：D11300108　　订货时间：11月30日

序号	货物条码	商品名称	单位	订购数量	备注
1	6907992515625	伊利金典纯牛奶250 ml × 24盒	箱	1	
2	6920152432709	康师傅经典酸辣牛肉面108 g × 5袋	件	1	
3	6902083880781	娃哈哈桂圆莲子八宝粥360 g	件	2	
4	6971415832705	自嗨锅牛肉重庆小面即食懒人自热火锅	件	1	

续表

序号	货物条码	商品名称	单位	订购数量	备注
5	6903624700575	狮王细齿洁超能速净牙刷	件	1	
6	6917751430236	妙洁PE密实袋自封袋食品密封袋中号25只	件	1	
7	6940256630115	展艺烘焙工具不锈钢打蛋盆直径20 cm	件	1	
合计				8	

表 10-20　客户 I 订单

订单编号：D11300109　　订货时间：11月30日

序号	货物条码	商品名称	单位	订购数量	备注
1	6907992515625	伊利金典纯牛奶250 ml × 24盒	箱	1	
2	6925303714086	统一来一桶红烧牛肉面105 g	件	1	
3	6902083880781	娃哈哈桂圆莲子八宝粥360 g	件	2	
4	6902265111597	海天精选生抽1 750 ml	件	1	
5	6921734955388	Deli/得力5538抽杆夹	件	1	
6	6923074049611	美丽雅茶语加厚纸杯6.5盎司100只	件	1	
7	6940256631235	展艺烘焙工具树脂量杯500 ml	件	1	
合计				8	

表 10-21　客户 J 订单

订单编号：D11300110　　订货时间：11月30日

序号	货物条码	商品名称	单位	订购数量	备注
1	6907992515625	伊利金典纯牛奶250 ml × 24盒	箱	1	
2	6925303710910	统一生活面汤达人酸酸辣辣豚骨拉面130 g × 5袋	件	1	
3	6971415832668	自嗨锅牛肉粉丝汤95 g	件	1	
4	6902265111597	海天精选生抽1 750 ml	件	1	
5	6921734973016	得力7301学生儿童手工办公广告文具胶水35 ml	件	1	

续表

序号	货物条码	商品名称	单位	订购数量	备注
6	6923074071759	美丽雅强力吸壁挂钩	件	1	
7	6940256632393	展艺其他烘焙器具耐高温硅胶刮刀ZY3240	件	1	
合计				7	

（二）作业或设计要求

（1）仓库一区出库时，需要将出库单转化为拣选单（摘果式、播种式），注意节约作业成本，避免线路重复、迂回，见表10-22。

（2）仓库二区出库时，将客户订单录入仓库管理系统，如学校没准备所需智能化设施设备，也可手工编制拣选单（摘果式、播种式）。

（3）托盘货架区出库时，应遵守先进先出的原则，有特殊要求除外。

（4）拆零拣选区出库时，采用周转箱或纸箱包装封箱，应遵守装箱原则，内应放置装箱单。

（5）在搬运时应选择适宜的装卸搬运工具。

（6）作业过程中注意团队成员间的交流与协作。

（7）完成作业后，绘制智能拣选作业流程图，如图10-1所示。

（三）作业项目所需账、卡、表、单

表 10-22　请在下面空表内自行设计并填制转化后的拣选单

图例:

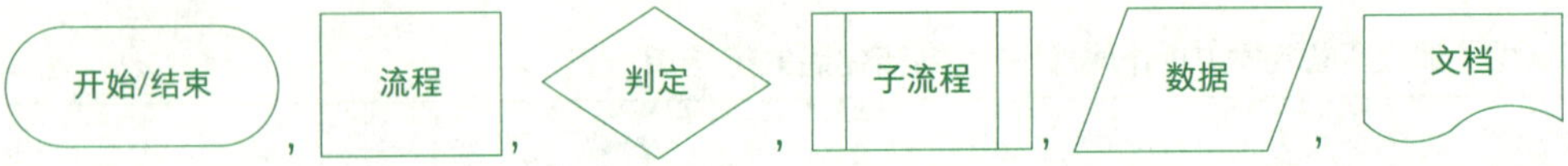

开始/结束，流程，判定，子流程，数据，文档

图 10-1　智能拣选作业流程图

（四）实训报告

填写实训报告，见表 10-23。

表 10-23　实训报告

姓名		学号	
专业		班级	
实训日期		指导教师	
实训项目			
实训收获及反思			

11 项目十一

Chapter

退货分析与退货处理

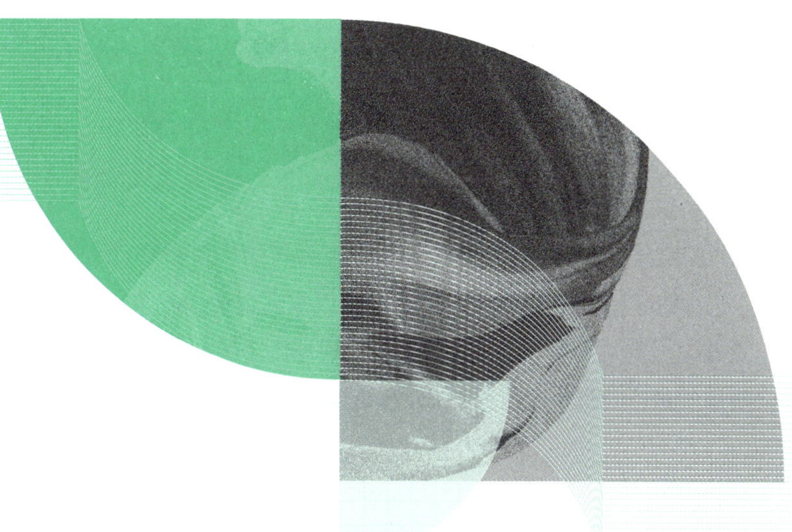

学习目标

素养目标

- 具备企业实践活动基础
- 培养良好的沟通能力和团队合作能力
- 培养降本增效意识
- 具有良好的职业素养和服务意识
- 具备分析问题、解决问题的能力

知识目标

- 熟悉企业管理的知识
- 了解货物学的基本知识
- 熟悉出入库作业流程和基本要求
- 熟悉退货流程

技能目标

- 能够进行出库点检
- 能够进行不同渠道的退货处理
- 能够按退货流程退货
- 能够做好退货分析

建议学时： 4 ~ 8 课时

思维导图

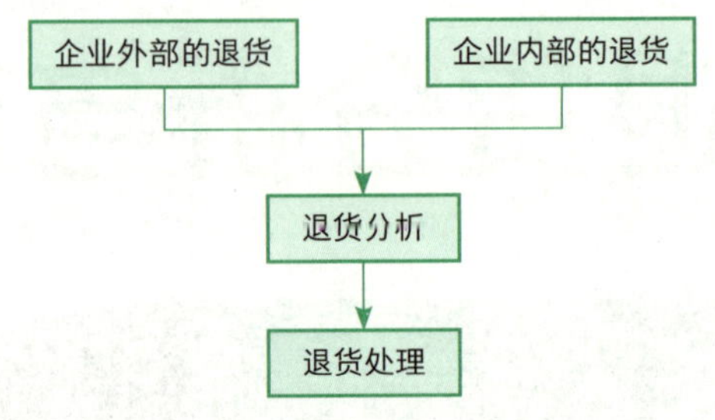

一、项目概述

退货大多来自企业外部，但也可以来自企业内部（出库点检退货），因此退货分析与退货处理成为管理者关注的问题。能够根据已知条件，准确及时地处理客户对退货的诉求，并对退货进行分析与处理，考核仓库管理者的快速反应能力和管理水平。

二、工作依据

- 《国家职业技能标准（粮油）仓储管理员》（职业编码：4-02-06-01）
- 《仓储从业人员职业资质》（GB/T 21070-2007）

三、场地与设备要求

（一）场地要求

在仓储实训室进行。实训场所面积至少 80 m^2，能够满足每个班 40 人同时开展问题货及退货分析与退货处理实训教学项目。

（二）设备要求

1. 各种货架

包括托盘式货架或轻型搁板式货架等。

（1）托盘式货架。

① 主要功能：用于成组化货物的仓储业务，为存储型货架。

② 技术要求：见《高等职业学校物流管理专业实训教学条件建设标准》中的“表 3 仓储实训室设备技术要求”。

（2）轻型搁板式货架。

① 主要功能: 用于轻小货物及散件物品的仓储业务, 为存储型货架。

② 技术要求: 见《高等职业学校物流管理专业实训教学条件建设标准》中的“表 3 仓储实训室设备要求”。

(3) 其他存储型货架。

技术要求: 见《高等职业学校物流管理专业实训教学条件建设标准》中的“表 3 仓储实训室设备要求”。

注: 货架最低限度有一种即可。

2. 集货装具

集货装具包括托盘或周转箱等。

(1) 托盘。

① 主要功能: 用于货物集结、成组化堆码。

② 技术要求: 商务部推荐规格为 1 200 mm × 1 000 mm ; 材质为木制、塑料等; 托盘的高度应匹配货位和常载货物包装尺寸。

(2) 周转箱。

① 主要功能: 用于盛装货物。

② 技术要求: 材质为塑料抗冲击改性 PP ; 基础尺寸为 600 mm × 400 mm 或与物流模数相匹配。

注: 集货装具有一种即可。

3. 搬运工具

搬运工具包括搬运车、手动托盘搬运车或无人搬运叉车等。

(1) 搬运车。

① 主要功能: 以人力为主, 在路面上从事水平搬运作业。

② 技术要求: 标准静音手推车; 满载质量 75 kg 以上。

(2) 手动托盘搬运车。

① 主要功能: 依靠人力, 用于低层货物成组化存取及装卸搬运, 主要进行货物的水平位移。

② 技术要求: 额定起重量≥ 1 000 kg ; 起升高度为 90 ~ 185 mm。

(3) 无人搬运叉车。

① 主要功能: 用于搬运作业。无人搬运设备可以替代传统人工搬运车和手动托盘搬运车, 提高物流作业效率。

② 技术要求: 叉车型; 激光导引行走方向; 无线通信; 举升高度≥ 3.5 m ; 额定载质量≥ 2 000 kg。

注: 搬运工具最低限度有一种即可。

4. 信息采集和传输设备

信息采集和传输设备包括条码识别系统、手持式 RF 智能终端或穿戴式 RF 智能终端等。

（1）条码识别系统。

① 主要功能：用于识别条码所代表的信息。

② 技术要求：见《高等职业学校物流管理专业实训教学条件建设标准》中的“表 2 基础实训室设备要求”。

（2）手持式 RF 智能终端。

① 主要功能：用于入库、盘点、出库等业务操作。

② 技术要求：见《高等职业学校物流管理专业实训教学条件建设标准》中的“表 2 基础实训室设备要求”。

（3）穿戴式 RF 智能终端。

① 主要功能：无须手持，支持边工作边采集现场数据，尤其适用于物流仓储中的拣货和分拣作业。

② 技术要求：见《高等职业学校物流管理专业实训教学条件建设标准》中的“表 2 基础实训室设备要求”。

注：信息采集和传输设备有一种即可。

5. 仓储管理系统

① 主要功能：用于仓储作业和相关业务的管理。

② 技术要求：后台管理、基础资料、订单管理、入库管理、出库管理、库存管理，既包括基于移动 App 或智能终端的移动仓储等，也包括条码打印机、理货台、服务器、计算机、计算机桌椅等。具体见《高等职业学校物流管理专业实训教学条件建设标准》中的“表 3 仓储实训室设备要求”。

四、项目岗位能力要求

该项目面向退货分析与退货处理的主要工作内容、基本技术、相关知识、技能要求、职业素养，如表 11-1 所示。

表 11-1 退货分析与退货处理岗位能力要求

<table>
<tr><th>职业岗位</th><th>主要工作内容</th><th>基本技术</th><th>相关知识</th><th>技能要求</th><th>职业素养</th></tr>
<tr><td rowspan="4">仓管员</td><td>问题货分析</td><td>问题货鉴别</td><td>所管辖商品的属性、质量标准</td><td>能够准确判定商品问题所在</td><td>积极参与企业实践活动，深入了解商品属性和质量标准，具备分析问题、解决问题的能力</td></tr>
<tr><td rowspan="3">退货处理</td><td>退货渠道选择</td><td rowspan="3">出入库相关知识、退货相关知识</td><td>根据退货原因和所退商品的质量，选择退货渠道</td><td>选择合理的退货渠道，使可进入二次销售的商品重生，培养降本增效意识</td></tr>
<tr><td>退货收货处理</td><td>根据企业的规定进行退货的收货处理</td><td>具有企业实践活动基础，能够读懂企业的各项规定，具有分析问题、解决问题的能力，做好退货的收货处理</td></tr>
<tr><td>退货报废处理</td><td>根据企业规定及供货商的政策及协议，对符合报废条件的商品进行报废处理</td><td>在处理退货报废商品时，应具备良好的职业素养和服务意识</td></tr>
<tr><td rowspan="2">仓储经理</td><td rowspan="2">退货分析</td><td>与供应商洽谈</td><td>客户关系处理相关知识</td><td>熟悉与供应商的合作协议，能够对例外事件与供应商进行洽谈</td><td rowspan="2">仓储经理应具备良好的沟通能力和团队合作能力；
具有良好的职业素养和服务意识，能够准确进行退货分析，处理好例外事件，并分享经验</td></tr>
<tr><td>大数据分析</td><td>预测性分析相关知识</td><td>提交分析报告或可视化分析</td></tr>
</table>

五、考核评价标准

退货分析与退货处理考核评分表如表 11-2 所示。

表 11-2　退货分析与退货处理考核评分表

专业　　　　班级　　　　姓名（小组）

考核项目	评分标准及说明	项目分值 / 分
问题货分析	对本月5—18日因出库、事故和退货而出现的问题货返库原因进行分析，分析正确得10分；错误扣10分	10
退货处理	对A和B酸奶进行处理，分别填写退货——返库单，正确得20分；每错扣1分，最多扣20分	20
	对永益玻璃器皿厂委托运送玻璃器皿——高脚杯返库进行处理，填写事故——返库单，正确得10分；每错扣1分，最多扣10分	10
	对乐乐便利店订单点检出库商品的质量问题进行处理，分别填写出库——返库单，正确得30分；每错扣1分，最多扣30分	30
	对张××在平台购买1双旅游鞋的退货处理，填写退货——返库单，正确得10分；每错扣1分，最多扣10分	10
	对王××在平台购买1双皮鞋的退货处理，填写退货——返库单，正确得10分；每错扣1分，最多扣10分	10
	公司由于工作失误造成的非正常支出，计算正确得10分；有错扣10分	10
合计		100

考核日期：　　年　月　日

六、技能训练内容

（一）资料包

在激烈的市场竞争中，无论是线上电商企业，还是线下实体企业，良好的售后服务都是有利的竞争因素，因此有理由退货和无理由退货都会发生，虽然数量不大，但影响较大，既耗费人力，又耗费时间，有时还会造成整个仓库的数据和作业现场的混乱。

1. 公司情况简介

德鄢物流公司的主营业务是为线下和线上的商业零售公司提供仓储物流（包括冷链物流）服务，运营模式既有对企业（B2B）的物流，也有对个人（B2C）的快递。其业务覆盖我国内地行政区县的 90% 以上。公司基础设施较完善，也积累了一定的管理经验。但是，由于问题货和退货问题的处理比较繁杂，你能否站在仓管员的角度提供一些帮助？

问题货的出现常有两种情况，一是入库和出库点检时发现的；二是退货商品入库检验时出现的。不论是哪种情况均需按公司规定处理。

2. 公司对问题货的管理规定摘要

（1）入库点检时发现的问题货。在入库时发现质量问题的货物先冻结，查清原因。若是承运人的责任，依据承运合同处理。在排除其他人的责任后，依据供应商（制造商）政策或销售合同处理。

（2）出库点检时发现的问题货。对出库点检时发现质量问题的货物，应先拣出并更换，保证出库顺畅。对出库问题货要查明原因，若是人为因素造成的，要依据企业管理制度对责任人进行处罚；若是效期问题，按企业返库规定处理。

3. 公司对退货管理的认识

在公司的日常管理中，退货分析也是不充分的。事实上，退货收货的过程与单纯的收货是不一样的。这主要是因为退货的同时收货也发生了，需要处理的数据量成倍增加，况且退货作业是不均衡的，有很大的波动性。因此，在实际作业过程中，要将退货收货与退货处理区别开。其作业时间和作业量都不会一样。

公司对退货的界定是：货已发出再取消订单即为退货。退货按公司退货规定执行；货未发出取消订单不属于退货，办理订单退款申请，退款申请可选择对应的原因，如：① 不想要了；② 发生降价；③ 选购失误；④ 不能按预计时间送达等。

4. 公司现有退货渠道的说明

第一种是客户（终端）退回到物流中心，再入库，可再进入流通渠道；第二种是物流中心退回供应商或者报废处理，由于物流企业不是供应商，因此在退货处理时除了要进行自身的财务处理，还要对所发生的费用与供应商进行洽谈；第三种是客户（终端）直接退回到供应商（制造商），这种情况下物流企业不用进行任何处理。

5. 公司对返库货物的处理规定

（1）返库的商品，要看还能否进行销售，能销售的收货做入库，不能销售的收货后先冻结，不再进行销售，然后再进行处理，退厂或者转不良品。

（2）返库的商品如果是效期问题，也要先收货冻结，然后再结合供应商政策进行退厂或打折处理。

（3）返库的商品若是品种规格或型号问题，也要收货冻结，然后再查找原因，酌情处理。

（4）返库的商品若只是运输包装（外包装）破损问题，收货后可按公司规定更换运输包装（外包装）；若是销售包装破损，结合供应商政策进行退厂或打折处理。

（5）生鲜食品管理等级为一级，其返库后不能再进入销售渠道，收货后先冻结，必须做返厂或销毁处理。

6. 供应商政策

（1）永佳奶制品公司的退货政策：不接受无理由退货。同城 B2B，直接退回供应商，物流费用按约定数额月结；同城 B2C，由物流公司上门取货，做报废处理，物流费用按单月结。

（2）永益玻璃器皿厂（YYBL）与德鄢物流公司的销售合同约定运输玻璃器皿等易碎产品免赔破损率为 0.5%，超出部分按市场价格的 50% 赔偿。

（3）德鄢物流公司与供应商的销售合同中对一些小商品（一般等级）中的常见问题做了较详细的规定。其中，金属件锈蚀问题出厂保质期为 6 个月；木制品发霉出厂保质期为 3 个月，开裂出厂保质期为 6 个月；塑料制品变形、开裂、老化出厂保质期为 5 个月。保质期内供应商不追究保存环境，免费更换，并承担物流费用。超过保质期的问题货，公司按单价的 70% 计提损失。

7. 有关资料

（1）本月 5 日，公司收到 B2C 客户退回永佳奶制品公司（YJ）生产的保质期为 14 天的 A 酸奶（A200305）1 组（8 联杯）和保质期为 21 天的 B 酸奶（B200305）1 箱（每箱 12 罐），这两种酸奶均属于销售包装破损返库产品。订单号：DY0222002031。

（2）本月 8 日，公司运送价值 56 万元，单价每对 112 元的高脚杯（Y200308）到 B2B 客户，途中发生交通事故，德鄢物流公司在事故中负全责。订单号：DY0222002032。返库盘点货物破损 30 对。

（3）本月 11 日，乐乐便利店订单见表 11-3。

表 11-3 乐乐便利店订单

订单编号：DY0222002033

序号	商品名称	批号	规格	单位	单价 / 元	数量	备注
1	304 不锈钢尖匙	B2020101	单支	支	12	12	
2	儿童牙签牙线	E2020092	100 支/包	包	8	50	

续表

序号	商品名称	批号	规格	单位	单价/元	数量	备注
3	天然桃木梳子	T2020113	TR18	把	22	12	
4	折叠水晶刷	Z2020124	双头	把	12	24	
5	一次性雨衣	Y2020085	加厚6丝	套	5	20	
6	尖嘴钳	J2020096	DL6寸	把	15	5	
7	美目眼线贴	M2020087	中号600	包	20	30	
8	120记号笔	12020128	10支/盒	盒	10	5	
9	双面搓澡巾	S2020119	大号	套	29	12	

在点检出库时，发现 2 把尖嘴钳有锈斑，查验进货单为 5 个月前出厂。

在点检出库时，发现天然桃木梳子 2 把，销售包装破损，1 把有霉点。经查验，该批次为 2 个月前出厂。

（4）本月15日，张 ×× 在平台（YY）购买了1双旅游鞋，收货试穿后感觉舒适度较差，要求退货，且该产品符合“7 天内无理由退货”要求，张 ×× 承担退货物流费用。其订单号：DY0222002034。

（5）本月 18 日，王 ×× 在平台（YY）购买了 1 双皮鞋，收货后发现鞋码与订单不符，要求退货。其订单号：DY0222020315。

（二）作业或设计要求

（1）根据供应商政策，对客户退回的永佳奶制品公司出品的 A 和 B 酸奶进行处理，选择并填写返库单，如有需要还可以补充列表。

（2）根据永益玻璃器皿厂（YYBL）与公司销售合同的约定处理，选择并填写返库单，如有需要还可以补充列表。

（3）针对乐乐便利店订单点检出库商品的质量问题，请按公司有关规定和供应商（制造商）政策处理，选择并填写返库单，如有需要还可以补充列表。

（4）本月 15 日，张 ×× 在平台购买 1 双旅游鞋，以“舒适度较差”为由退货，请根据公司规定进行退货处理，选择并填写返库单，如有需要还可以补充列表。

（5）本月 18 日，王 ×× 在平台购买 1 双皮鞋，以“鞋码与订单不符”为由退货，请根据公司规定进行退货处理，选择并填写返库单，如有需要还可以补充列表。

（6）请计算德鄢物流公司由于工作失误造成的非正常支出为多少元。

（三）作业项目所需账、卡、表、单

返库单如表 11-4 至表 11-6 所示。

表 11-4　退货——返库单

退货—返库												补充项	补充项
日期	企业代码	订单号	产品名称	单位	数量	管理等级	返库原因	制造（供应）商政策	交易方式	产品性质	处理		

表 11-5　事故——返库单

事故—返库												补充项	补充项
日期	企业代码	订单号	产品名称	单位	数量	管理等级	返库原因	制造（供应）商政策	交易方式	产品性质	处理		

表 11-6　出库——返库单

出库—返库												补充项	补充项
日期	企业代码或批号	订单号	产品名称	单位	数量	管理等级	返库原因	制造（供应）商政策	交易方式	产品性质	处理		

（四）实训报告

填写实训报告，见表 11-7。

表 11-7　实训报告

姓名		学号	
专业		班级	
实训日期		指导教师	
实训项目			
实训收获及反思			

12 项目十二

Chapter

库存控制

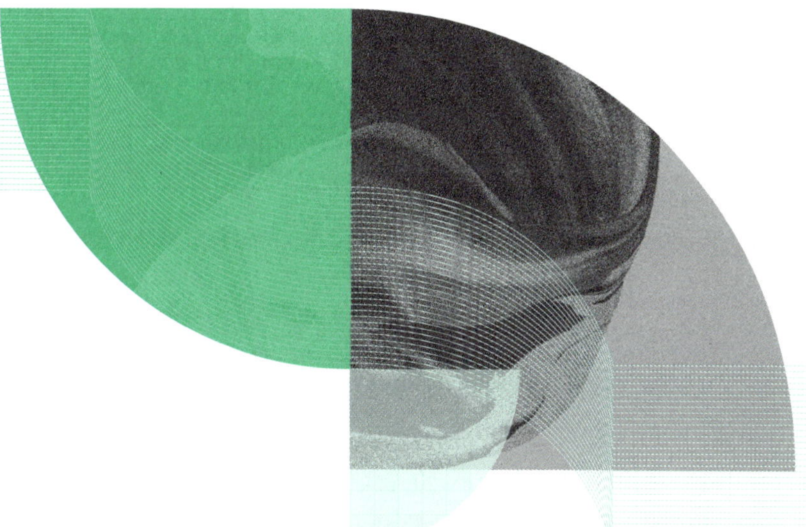

学习目标

素养目标

- 培养学生的成本意识，树立节约意识
- 培养学生的数据处理及分析能力
- 培养学生分析问题、解决问题的能力

知识目标

- 掌握库存成本的构成
- 掌握常用的库存控制方法
- 掌握重点物资管理法的运用

技能目标

- 能够运用 ABC 分类法对库存物品进行分析
- 能够为不同类别的物品选择正确的管理方法
- 能够利用定量订货法确定经济订货批量和订货点

建议学时： 4 ~ 8 课时

思维导图

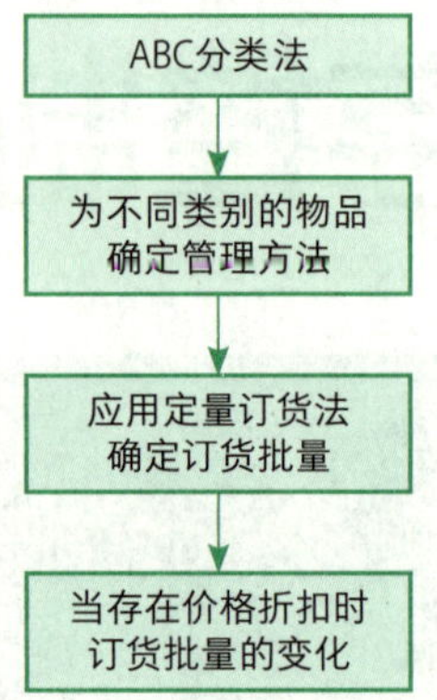

一、项目概述

库存控制是在保障供应的前提下，使库存物品的数量最少而进行有效管理的技术经济措施。本项目使学生能够利用以控制存货资金为原则的ABC分类法，对库存物品进行分类，并根据不同物品类别实施不同的管理方法。分析不同出入库量对库存水平的影响。同时，利用定量订货法确定经济订货批量和订货点，并能够分析价格折扣条件下的订货批量变化。

二、工作依据

- 《物流术语》（GB/T 18354—2021）
- 《仓储从业人员职业资质》（GB/T 21070—2007）
- 《物流中心作业通用规范》（GB/T 22126—2008）
- 《仓储作业规范》（SB/T 10977—2013）

三、场地与设备要求

（一）场地要求

在具备计算机操作环境的实训室进行。实训场所面积至少 80 m^2，能够满足每个班40人同时开展库存控制实训教学项目。

（二）设备要求

1. 计算机

（1）主要功能：用于完成各类物流基础作业的信息处理。

（2）技术要求：见《高等职业学校物流管理专业实训教学条件建设标准》中的“表 6 物流软件实训室设备要求”。

2. 计算机桌椅

（1）主要功能：教师及学生使用计算机完成作业任务的操作台。

（2）技术要求：见《高等职业学校物流管理专业实训教学条件建设标准》中的“表 6 物流软件实训室设备要求”。

3. 幕布（可根据需要从 3 或 4 中任选一种）

（1）主要功能：用于教学演示。

（2）技术要求：见《高等职业学校物流管理专业实训教学条件建设标准》中的“表 6 物流软件实训室设备要求”。

4. 教学白板（可根据需要从 3 或 4 中任选一种）

（1）主要功能：用于实训中的理实一体化教学。

（2）技术要求：见《高等职业学校物流管理专业实训教学条件建设标准》中的“表 6 物流软件实训室设备要求”。

5. 教学投影

（1）主要功能：用于教师进行实训作业讲解及演示。

（2）技术要求：见《高等职业学校物流管理专业实训教学条件建设标准》中的“表 6 物流软件实训室设备要求”。

四、项目岗位能力要求

该项目面向库存控制的主要工作内容、基本技术、相关知识、技能要求、职业素养，如表 12-1 所示。

表 12-1　库存控制岗位能力要求

职业岗位	主要工作内容	基本技术	相关知识	技能要求	职业素养
仓储经理	库存控制	重点物资管理	ABC分类法	能够以控制存货资金占用为原则对物品进行ABC分类，并为不同类别的物品确定管理方法，分析不同出入库作业量情况对库存水平的影响	对物品资金占用情况、出入库作业量情况进行分析，提升数据处理及分析能力
		订货法的运用	定量订货法、定期订货法	能够区别定量订货法和定期订货法，并根据物品类别确定适宜的订货方法，掌握经济订货批量、订货间隔期和总成本的计算，以及价格折扣条件下经济订货批量的计算	通过对物品需求量、折扣价格、订货成本、存货持有成本等的综合分析，确定订货批量，树立成本意识和节约意识

五、考核评价标准

库存控制考核评分表如表 12-2 所示。

表 12-2　库存控制考核评分表

专业　　　　　　　　班级　　　　　　　　姓名（小组）

考核项目	评分标准及说明	项目分值 / 分
ABC分类法	使用计算机软件完成数据处理得2分；未使用计算机软件完成数据处理扣2分	2
	所占比重计算正确得10分；每错扣0.5分，最多扣10分	10
	累计比重计算正确得10分；每错扣0.5分，最多扣10分	10
	分类结果正确得6分；每错扣2分	6
	不同类别物品管理方法合理得6分；不合理每错扣2分	6
库存水平分析	库存量变化曲线图绘制正确得6分；每错扣1分	6
	最终库存量计算正确得6分；每错扣1分	6
	最高库存量和最低库存量计算正确得12分；每错扣1分	12
	库存水平变化分析合理，并有建议得12分；每错扣2分	12
经济订货批量	经济订货批量计算正确得6分；错误扣6分	6
	最佳订货批量的供应间隔期计算正确得6分；错误扣6分	6
	年总体成本计算正确得6分；错误扣6分	6
价格折扣条件下的最佳订货批量	价格折扣条件下的最佳订货批量计算正确得6分；错误扣6分	6
	价格折扣条件下的年总成本计算正确得6分；错误扣6分	6
合计		100

考核日期：　　年　月　日

六、技能训练内容

（一）资料包

某汽车配件公司为了更好地降低库存持有成本，在保障供应的前提下，使库存物品的数量最少。现对库存物品进行数据分析，并根据分析结果对不同物品类别实施分类管理。

（1）物品品种及资金占用情况。仓库所存放物品品种及资金占用情况如表 12-3 所示。

表 12-3　仓库所存放物品品种及资金占用情况

序号	代码	物品名称	品种 / 种	单价 / 元
1	17925	雨刷水壶软管	2	2
2	22211	进气门	3	9
3	22212	排气门	3	8
4	23410	活塞总成	2	200
5	24100	偏心轴	3	185
6	25480	节温器水管	1	4
7	35150	怠速马达	2	110
8	54530	悬挂球头	1	18
9	54612	前减上盖轴承	2	10
10	55513	后平衡杆胶套	2	7
11	57100	转向助力泵	1	320
12	71585	尾灯支架	2	21
13	71601	后叶子板铁衬	2	545
14	81371	前门锁机构拉线	1	5
15	81590	油箱盖拉线	2	15
16	81600	天窗总成	1	1 750
17	82210	压条	8	19
18	82610	拉手	4	14
19	84710	仪表台	3	350
20	86318	后备箱KIA标	1	12

续表

序号	代码	物品名称	品种 / 种	单价 / 元
21	86350	中网	4	135
22	86522	前杠风网	4	22
23	87251	车顶流水条	4	17
24	87608	反光镜	6	13
25	87712	饰条	6	44
26	87722	饰板	6	60
27	87751	底大边	4	70
28	88810	前安全带	7	250
29	92101	大灯	2	275
30	92201	前杠灯	6	100
31	93570	左前升降开关	2	120
32	95550	转向闪光继电器	2	30
33	97250	空调开关	1	260

(2) 根据 1—6 号库区出入库基本数据，如表 12-4 所示。分析出入库量对库存水平变化的影响，降低爆仓或缺货风险，调整库存量，达到规避风险、降低成本的目的。

表 12-4　1—6 号库区 100 天内的初始库存及出入库基本情况

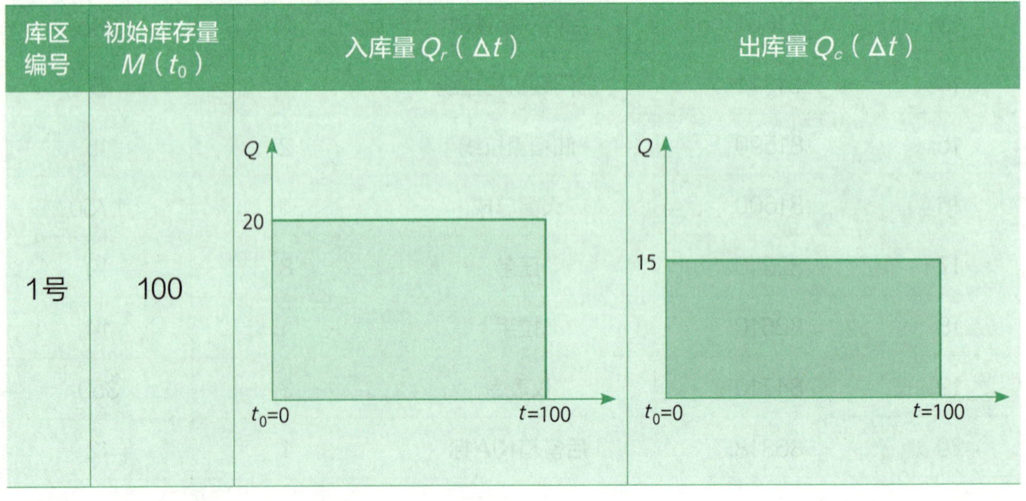

库区编号	初始库存量 $M(t_0)$	入库量 $Q_r(\Delta t)$	出库量 $Q_c(\Delta t)$
1号	100	Q；20；$t_0=0$；$t=100$	Q；15；$t_0=0$；$t=100$

续表

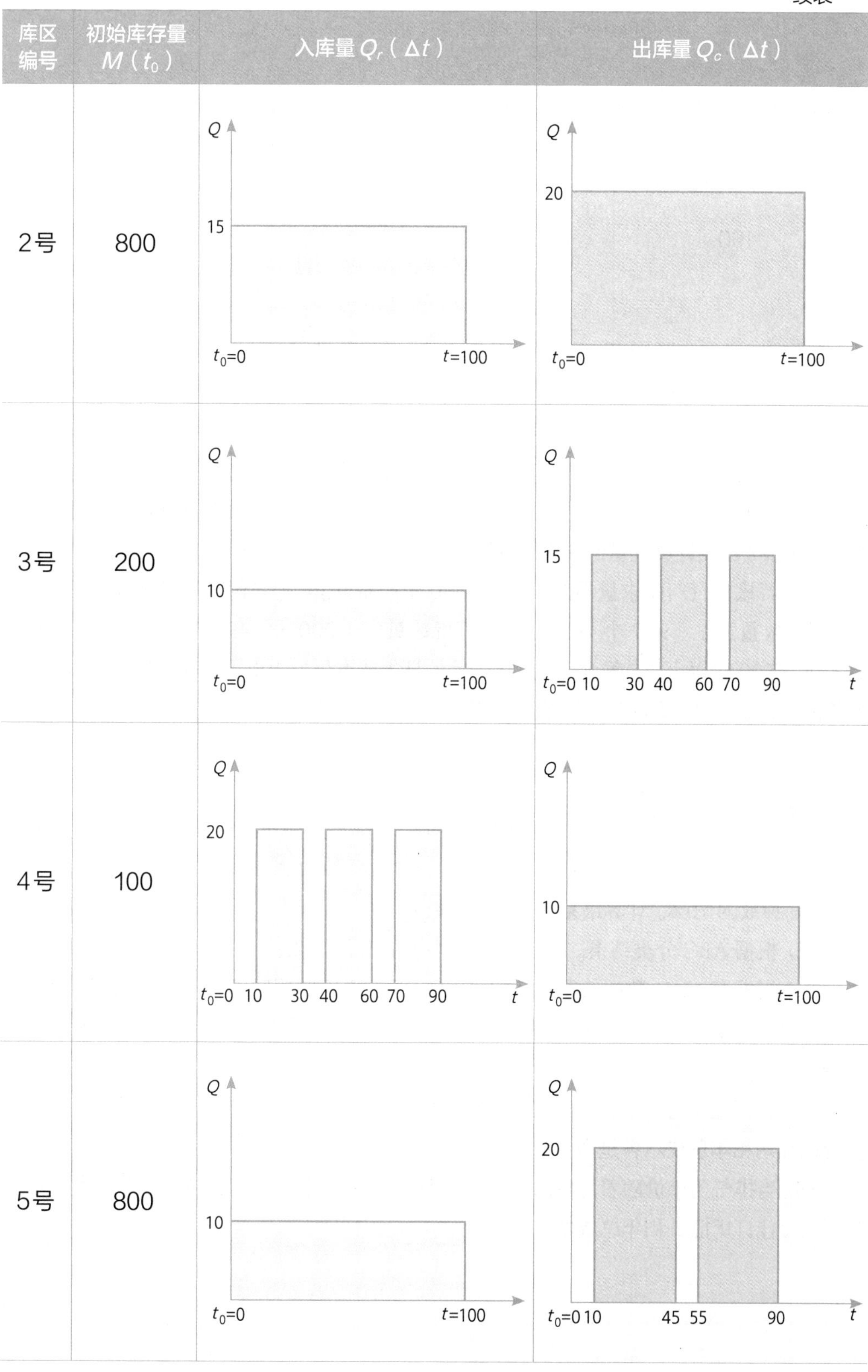

库区编号	初始库存量 $M(t_0)$	入库量 $Q_r(\Delta t)$	出库量 $Q_c(\Delta t)$
2号	800	Q; 15; $t_0=0$; $t=100$	Q; 20; $t_0=0$; $t=100$
3号	200	Q; 10; $t_0=0$; $t=100$	Q; 15; $t_0=0$ 10 30 40 60 70 90 t
4号	100	Q; 20; $t_0=0$ 10 30 40 60 70 90 t	Q; 10; $t_0=0$; $t=100$
5号	800	Q; 10; $t_0=0$; $t=100$	Q; 20; $t_0=0$ 10 45 55 90 t

续表

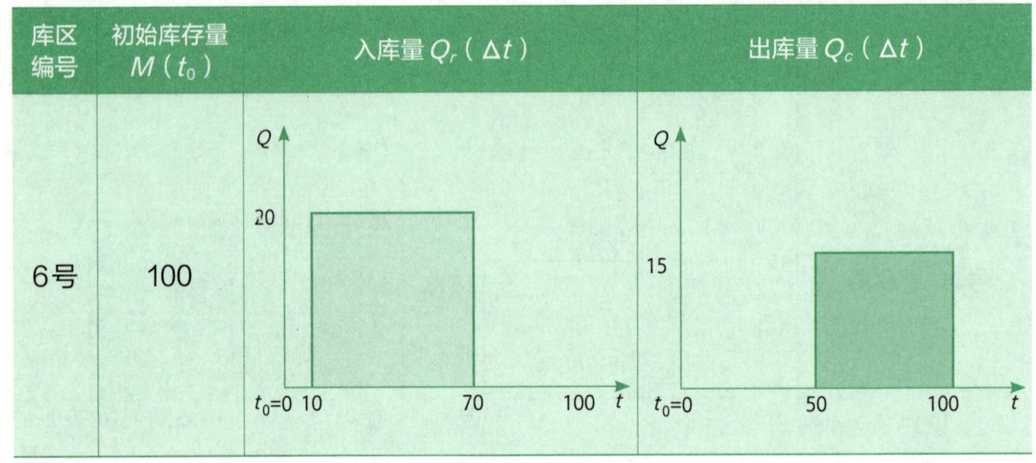

库区编号	初始库存量 $M(t_0)$	入库量 $Q_r(\Delta t)$	出库量 $Q_c(\Delta t)$
6号	100		

（3）已知排气门的需求为每年 10 000 个产品单位，并且保持恒定不变。该产品的订货成本为 100 元，存货持有成本为产品单价的 25%。请问利用定量订货法确定其经济订货批量为多少？最佳订货批量的供应间隔期为多少？年总成本是多少？

（4）若该排气门需求量仍为每年 10 000 个产品单位，但单价随着订货数量不同而变化：订货数量为 1 ~ 999 个，每个 8 元；订货数量为 1 000 ~ 1 499 个，每个 7.5 元；订货数量为 1 500 个以上时，每个 7 元。该产品的订货成本仍为 100 元，存货持有成本为产品单价的 25%，求此时的最佳订货批量和年总成本为多少？

（二）作业或设计要求

（1）根据表 12-3 的数据，完成物品 ABC 分类，见表 12-5。A 类：资金占用量为 70%，品种数为 10%；B 类：资金占用量为 20%，品种数为 20%；C 类：资金占用量为 10%，品种数为 70%。计算结果保留两位小数。

（2）根据 ABC 分类结果，制定不同类别物品的管理方法，见表 12-6。

（3）根据表 12-4 数据绘制库存水平 $M(\Delta t)$ 在一定时间区域 Δt 内的变化曲线，并计算出最终库存量 $M(t)$、最高库存量 $M_{\max}(t)$ 和最低库存量 $M_{\min}(t)$ 分别是多少？并对其进行分析见表 12-7。

（4）利用定量订货法，在表 12-8 中，确定排气门的经济订货批量、最佳订货批量的供应间隔期和年总成本各是多少？

（5）当排气门单价随着订货的批量不同而发生变化时，在表 12-9 中确定价格折扣条件下的最佳订货批量和年总成本。

（三）作业项目所需账、卡、表、单

表 12-5 物品 ABC 分类表

代码	降序排列			所占比重 /%		比重累计 /%		分类
	零件种类名称	品种 / 种	单价 / 元	品种	单价	品种	单价	

表 12-6　制定不同类别物品的管理方法

物品类别	管理方法
A类	
B类	
C类	

表 12-7　1—6 号库区库存水平变化分析表

库区编号	库存水平变化 $M(\Delta t)$	最终库存量 $M(t)$	最高库存量 $M_{max}(t)$ 最低库存量 $M_{min}(t)$	库存水平分析
1号	1 000 900 800 700 600 500 400 300 200 100 0 10 20 30 40 50 60 70 80 90 100 t		$M_{max}(t)=$ $M_{min}(t)=$	
2号	1 000 900 800 700 600 500 400 300 200 100 0 10 20 30 40 50 60 70 80 90 100 t		$M_{max}(t)=$ $M_{min}(t)=$	

续表

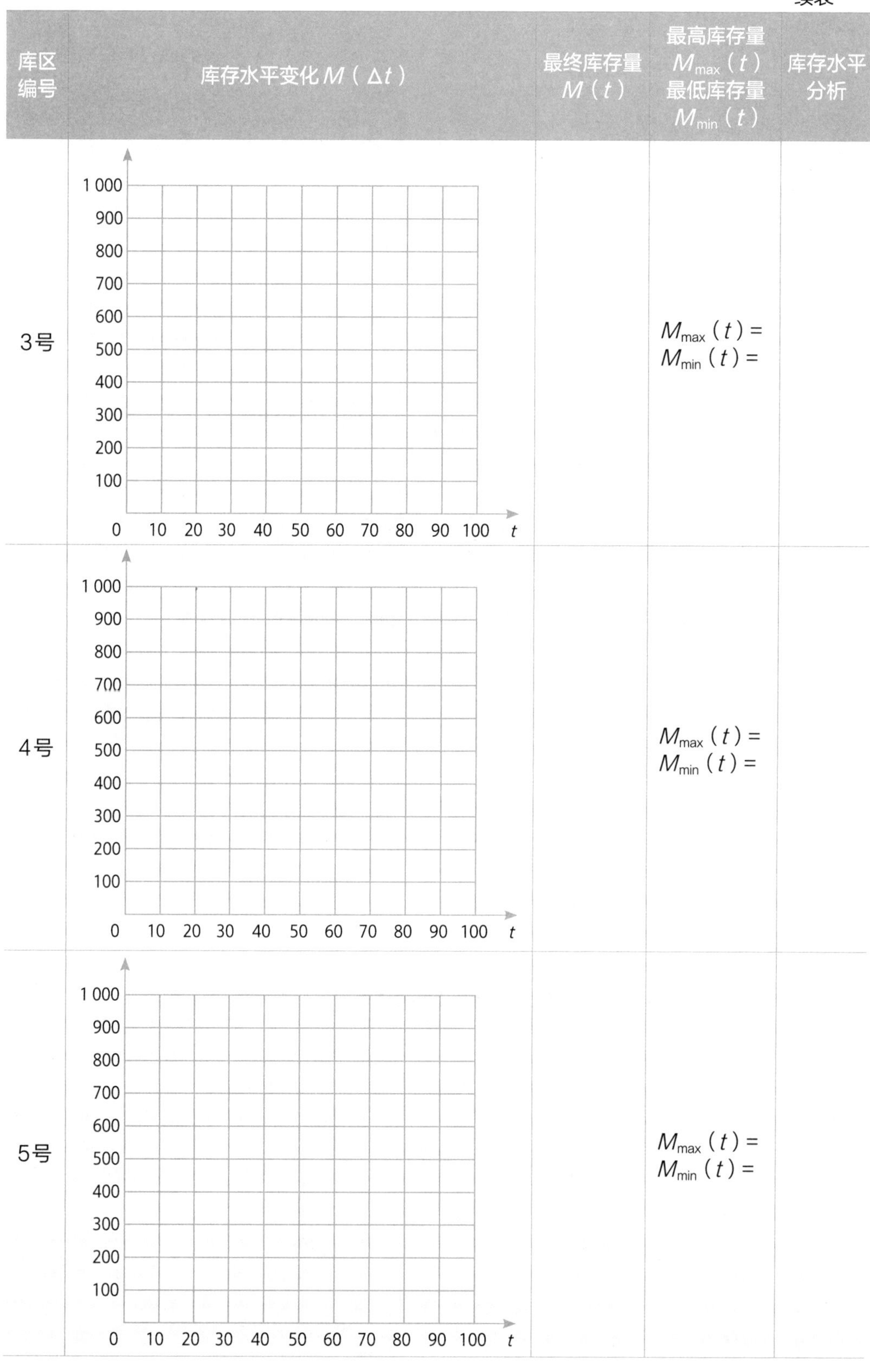

库区编号	库存水平变化 $M(\Delta t)$	最终库存量 $M(t)$	最高库存量 $M_{max}(t)$ 最低库存量 $M_{min}(t)$	库存水平分析
3号	1 000 900 800 700 600 500 400 300 200 100 0 10 20 30 40 50 60 70 80 90 100 t		$M_{max}(t)=$ $M_{min}(t)=$	
4号	1 000 900 800 700 600 500 400 300 200 100 0 10 20 30 40 50 60 70 80 90 100 t		$M_{max}(t)=$ $M_{min}(t)=$	
5号	1 000 900 800 700 600 500 400 300 200 100 0 10 20 30 40 50 60 70 80 90 100 t		$M_{max}(t)=$ $M_{min}(t)=$	

续表

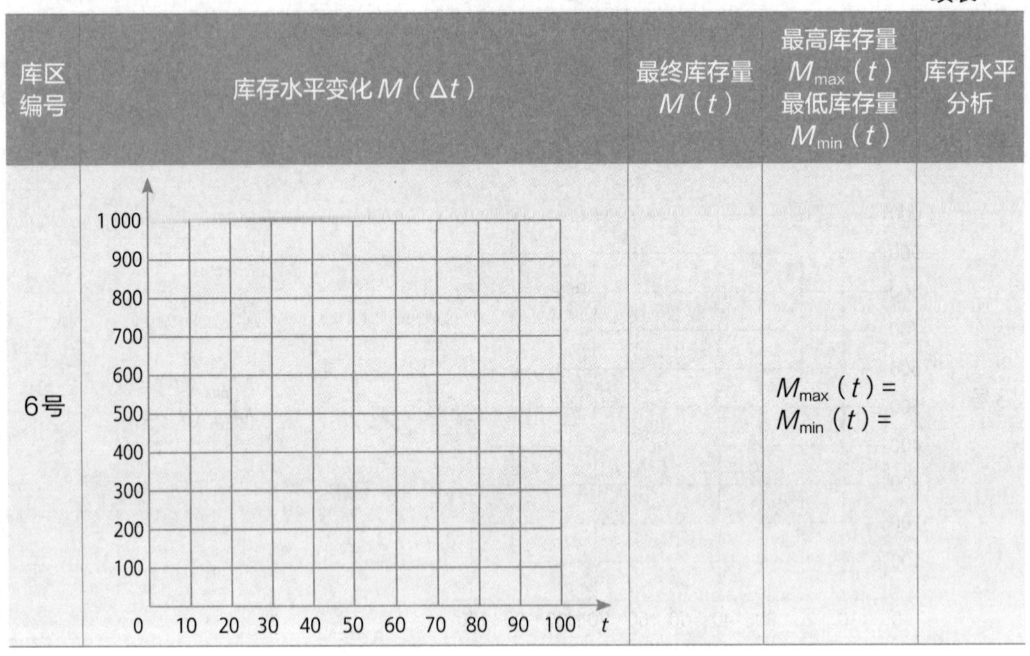

库区编号	库存水平变化 $M(\Delta t)$	最终库存量 $M(t)$	最高库存量 $M_{max}(t)$ 最低库存量 $M_{min}(t)$	库存水平分析
6号	(坐标图：纵轴 0、100、200、300、400、500、600、700、800、900、1 000；横轴 10、20、30、40、50、60、70、80、90、100、t)		$M_{max}(t)=$ $M_{min}(t)=$	

表 12-8　确定排气门的经济订货批量、最佳订货批量的供应间隔期和年总成本

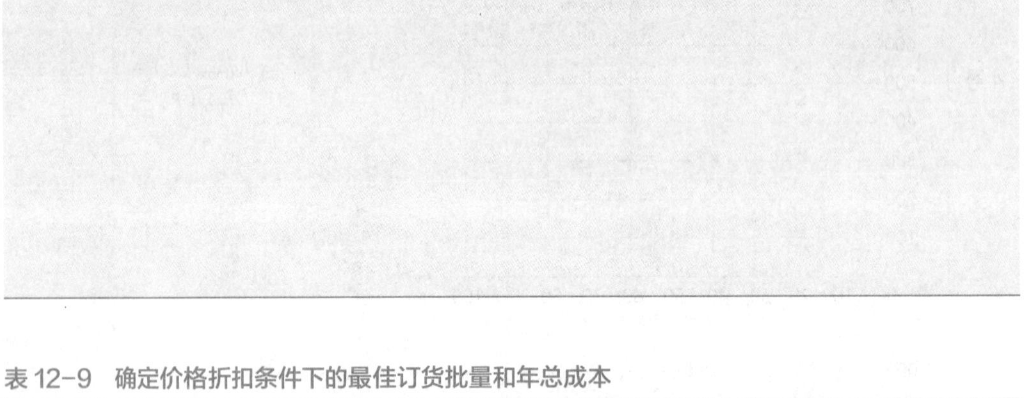

表 12-9　确定价格折扣条件下的最佳订货批量和年总成本

（四）实训报告

填写实训报告，见表 12-10。

表 12-10　实训报告

姓名		学号	
专业		班级	
实训日期		指导教师	
实训项目			
实训收获及反思			

13 项目十三

Chapter

生产物流

学习目标

素养目标

- 树立敬业精神、安全意识、节约意识和劳动意识
- 培养良好的沟通能力和团队合作能力
- 培养质量意识和成本意识，能够有效降低生产物流成本
- 培养学生精益求精的工匠精神
- 培养学生物流作业的优化意识
- 培养学生分析问题、解决问题的能力

知识目标

- 掌握生产物流的系统分析方法
- 掌握生产物流的计划与控制方法
- 掌握企业库存的控制方法

技能目标

- 能够根据市场销售额分析与企业生产能力制订生产计划
- 能够完成物料需求计划生成
- 能够进行生产现场布置与改进

建议学时： 4 ~ 8 课时

思维导图

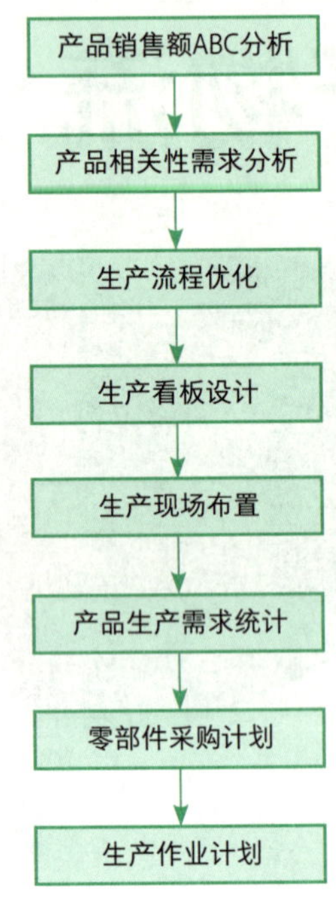

一、项目概述

对产品阶段性市场销售额进行 ABC 分析，并根据销售量确定相关性物料需求，进行库存信息统计。根据生产订单进行物料库存分析，制订采购计划。当企业的产能不足时，要观测生产现状，计算生产能力，发现产能瓶颈，以劳动者、劳动资料、劳动对象及其优化组合的质变为基本内涵，进行流程优化并调整生产现场布局与组织，提高全要素生产效能，降低生产成本。

二、工作依据

- 《物流术语》(GB/T 18354—2021)
- 《绿色制造　制造企业绿色供应链管理　导则》(GB/T 33635—2017)
- 《绿色制造　制造企业绿色供应链管理　采购控制》(GB/T 39258—2020)
- 《绿色制造　制造企业绿色供应链管理　物料清单要求》(GB/T 39259—2020)

三、场地与设备要求

（一）场地要求

在具备计算机操作环境的实训室进行。实训场所面积至少 80 m^2，能够满足每个班 40 人同时开展库存控制实训教学项目。

（二）设备要求

1. 计算机

（1）主要功能：用于完成生产物流项目的信息处理。

（2）技术要求：见《高等职业学校物流管理专业实训教学条件建设标准》中的“表 6 物流软件实训室设备要求”。

2. 计算机桌椅

（1）主要功能：教师及学生使用计算机完成作业任务的操作台。

（2）技术要求：见《高等职业学校物流管理专业实训教学条件建设标准》中的“表 6 物流软件实训室设备要求”。

3. 幕布（可根据需要从 3 或 4 中任选一种）

（1）主要功能：用于教学演示。

（2）技术要求：见《高等职业学校物流管理专业实训教学条件建设标准》中的“表 6 物流软件实训室设备要求”。

4. 教学白板（可根据需要从 3 或 4 中任选一种）

（1）主要功能：用于实训中的理实一体化教学。

（2）技术要求：见《高等职业学校物流管理专业实训教学条件建设标准》中的“表 6 物流软件实训室设备要求”。

5. 教学投影

（1）主要功能：用于教师进行实训作业讲解及演示。

（2）技术要求：见《高等职业学校物流管理专业实训教学条件建设标准》中的“表 6 物流软件实训室设备要求”。

四、项目岗位能力要求

该项目面向生产物流的主要工作内容、基本技术、相关知识、技能要求、职业素养，如表 13-1 所示。

表 13-1　生产物流岗位能力要求

<table>
<tr><th>职业岗位</th><th>主要工作内容</th><th>基本技术</th><th>相关知识</th><th>技能要求</th><th>职业素养</th></tr>
<tr><td>生产调度员</td><td>为生产管理员提供数据准备工作</td><td>熟悉本车间的生产现状</td><td>提高生产能效的基本方法</td><td>能够根据生产特点整理相关数据</td><td rowspan="2">生产管理员和生产调度员之间应不断沟通和合作，实现降本增效，高质量地完成生产任务</td></tr>
<tr><td rowspan="2">生产管理员</td><td>制订和调整生产作业计划的准备工作</td><td>熟悉本企业和本车间的产品和作业流程</td><td>生产线规划和布局要求，供应链基本理论</td><td>能够根据生产调度员提供的数据，制作物料清单</td></tr>
<tr><td>根据企业生产计划和本车间生产作业计划对产品的阶段性市场销售额进行分析</td><td>会使用ABC分析法进行统计分析</td><td>生产物流的系统分析方法</td><td>能够根据市场销售额与企业生产能力分析，为制订生产作业计划奠定基础</td><td>从ABC分析法入手，培养学生分析问题、解决问题的能力</td></tr>
<tr><td>生产调度员</td><td>数据的统计与核算</td><td>在生产作业计划执行中能够快速进行数据的统计与核算</td><td>数据统计的基本常识</td><td>能够根据生产作业计划检查各生产环节的投入产出进度</td><td>发现问题，积极采取措施加以解决，以保证数据的可靠性和安全性</td></tr>
<tr><td rowspan="3">生产管理员</td><td>跟踪和监督生产过程</td><td rowspan="2">绘制产品的生产量、销售量、库存量，相关零部件的需求量、库存量、采购量相关的统计表</td><td rowspan="2">统计表的绘制原则和方法</td><td>能够根据产品用料构成、工时定额、生产线信息、工序信息等基础信息数据，进行原料零配件的实际需求量统计</td><td rowspan="2">在绘制统计表时，要认真仔细，不怕麻烦，反复核对，使学生养成精益求精的工匠精神</td></tr>
<tr><td>进行零配件库存统计</td><td>能够根据产品销售量和原料零配件的实际需求量进行零配件的库存信息统计</td></tr>
<tr><td>进行生产流程优化</td><td>在生产现场通过分析可以发现生产组装瓶颈，判断进行优化的对象</td><td>实现流水作业优化的算法</td><td>能够应用指令重排技术对组装流程进行优化</td><td>通过生产组装流程优化，培养生产作业优化意识</td></tr>
</table>

续表

职业岗位	主要工作内容	基本技术	相关知识	技能要求	职业素养
生产调度员	进行生产现场设施布置，设计生产看板	会应用生产现场布置技术，进行生产看板制作	生产现场布置的基本理论和生产看板的基础知识	能够依据优化流程对生产作业现场进行合理布局，并设计出符合作业人员认知水平的生产看板	生产现场设施布置和生产看板设计要脚踏实地地进行，不浮夸，不虚饰，注重实际效果，要有安全意识和节约意识
生产管理员	进行订单的生产需求统计，编制零部件采购计划，制订生产作业计划	会进行生产需求统计，编制零部件采购计划和生产作业计划	编制生产作业计划的基本要素和步骤	能够根据订单、库存量和生产能力等因素，合理安排生产作业计划，协调采购、生产和销售等环节，确保产品供应充足且不积压	编制各种计划，应重视质量意识和成本意识，能够有效降低生产物流成本

动画：
生产物流

五、考核评价标准

生产物流考核评分表如表 13-2 所示。

表 13-2　生产物流考核评分表

专业　　　　　　　　　班级　　　　　　　　　姓名（小组）

考核项目	评分标准及说明	项目分值 / 分
产品销售额ABC分析	按照销售额从高到低，排序正确得5分；每错扣1分，最多扣5分	5
	所占比重、累计比重计算正确得5分；每错扣1分，最多扣5分	5
	ABC分类结果正确得5分；每错扣1分，最多扣5分	5
销售产品相关零配件需求统计	零配件需求统计正确得10分；每错扣0.5分，最多扣10分	10
零配件库存信息统计	零配件库存信息统计正确得10分；每错扣0.5分，最多扣10分	10
生产流程优化	装配流程优化后，组装效率提升150%~200%，得5分；组装效率提升100%~150%（不含）得2分；无效率提升扣5分	5
	流量框图法使用正确得5分；错误扣5分	5
生产看板设计	看板信息显示包括生产计划信息、设备状态信息、质量信息得6分；少一项扣2分，最多扣6分	6
	生产看板设计简洁、直观得4分；不清晰扣4分	4
生产现场布置	生产现场布置与生产流程一致得5分；不一致扣5分	5
	布局紧凑、有序得5分；每错扣1分，最多扣5分	5
产品生产需求统计	产品生产需求统计正确得10分；每错扣0.5分，最多扣10分	10
零部件采购计划	零部件采购计划统计正确得10分；每错扣0.5分，最多扣10分	10
生产作业计划	每日生产作业计划量合计符合生产作业计划总量得5分；不符合扣5分	5
	库存量符合每日生产计划量得5分；不符合扣5分	5
	生产能力符合每日生产计划量得5分；不符合扣5分	5
合计		100

考核日期：　　年　月　日

六、技能训练内容

(一) 资料包

欢乐多圆珠笔生产厂刚成立一年，主要面向青年群体生产高效性书写圆珠笔。该企业主要从供货商处采购各类型圆珠笔生产所需零部件进行组装生产，并包装成可销售的形式进行存储，保证批发及零售供应。

该企业共有五个生产车间，其中三个系列的彩色圆珠笔由一车间负责生产，分别为标准系列、时尚系列、精致系列。每一支圆珠笔都由笔管、笔芯、笔尖、笔套、笔夹、螺旋弹簧及弹力按钮和包装盒组成。产品类型如表 13-3 所示。

表 13-3　产品类型

产品型号		笔管	笔芯	笔尖	笔套	笔夹	螺旋弹簧	弹力按钮	包装盒
A	01	Xl	Xh	G	h	Xh	T	Xh	P
	02	Xl	Xl	G	h	Xh	T	Xh	P
	03	Xh	Xh	G	h	Xh	T	Xh	P
	04	Xh	Xl	G	h	Xh	T	Xh	P
B	01	Xl	Xh	H	h	Xh	T	Xh	S
	02	Xl	Xl	H	h	Xh	T	Xh	S
	03	Xh	Xh	H	h	Xh	T	Xh	S
	04	Xh	Xl	H	h	Xh	T	Xh	S
	05	Xf	Xh	H	h	Xh	T	Xh	S
	06	Xf	Xl	H	h	Xh	T	Xh	S
	07	Xb	Xh	H	h	Xh	T	Xh	S
	08	Xb	Xl	H	h	Xh	T	Xh	S
C	01	Gj	Xh	H	h	Gj	T	Gj	J
	02	Gy	Xh	H	h	Gy	T	Gy	J

注释：

A. 标准系列、B. 时尚系列、C. 精致系列

材质：X—塑料，G—不锈钢，T—黄铜，H—硬质合金，

颜色：l—蓝色，h—黑色，f—粉色，b—白色，j—金色，y—银色

包装盒：P—普通　S—时尚　J—精致

4 月 1 日—6 月 30 日，三个系列产品的销售总量为 54.58 万支，售价为标准系列 2 元 / 支，时尚系列 5 元 / 支，精致系列 15 元 / 支。各产品系列的销售量如表 13-4 所示。以上三个系列产品于 3 月 15 日开始生产，4 月 1 日投入市场销售，3 月 15 日 -6 月 30 日，各系列产品的生产量如表 13-5 所示。至 6 月 30 日为止，各系列零配件的采购量如表 13-6 所示。

表 13-4　产品销售量（4 月 1 日—6 月 30 日）

产品类型	产品型号	数量 / 万支	备注
A	A01	1.66	
	A02	1.02	
	A03	0.86	
	A04	0.35	
B	B01	2.37	
	B02	0.21	
	B03	0.15	
	B04	0.12	
	B05	2.03	
	B06	0.56	
	B07	3.16	
	B08	0.43	
C	C01	0.09	
	C02	0.02	

表 13-5　产品生产量（3 月 15 日—6 月 30 日）

产品类型	产品型号	数量 / 万支	备注
A	A01	2	
	A02	2	
	A03	2	
	A04	2	

续表

产品类型	产品型号	数量 / 万支	备注
B	B01	2.37	
	B02	0.21	
	B03	0.15	
	B04	0.12	
	B05	2.03	
	B06	0.56	
	B07	3.16	
	B08	0.43	
C	C01	0.09	
	C02	0.02	

表 13-6　各系列零配件的采购量（截至 6 月 30 日）

零件	代码	数量 / 万件	订货期 / 天	备注
笔管	Xl	7	3	
	Xh	5	3	
	Xf	3	3	
	Xb	4	3	
	Gj	1	6	
	Gy	1	6	
笔芯	Xh	12	5	
	Xl	6	5	
笔尖	G	10	3	
	H	10	3	
笔套	h	18	3	
笔夹	Xh	18	3	
	Gj	0.1	5	
	Gy	0.1	5	
螺旋弹簧	T	18	5	

续表

零件	代码	数量 / 万件	订货期 / 天	备注
弹力按钮	Xh	18	3	
	Gj	0.1	6	
	Gy	0.1	6	
包装盒	P	9	3	
	S	10	3	
	J	0.5	6	

圆珠笔组装生产线工序及作业时间如表 13-7 所示。现圆珠笔生产一车间组装人员为 9 人。

表 13-7　圆珠笔组装生产线工序及作业时间

作业序号	工序	工序作业时间	紧前工序	生产步骤①
A	看板备货	—	—	1. 将需要组装的圆珠笔材料准备齐全，包括笔杆、笔套、笔芯、笔夹、弹力按钮等； 2. 准备好辅助工具，方便组装中使用
B	笔套安装	5S	A	1. 将笔套插入笔管中，注意笔套方向与笔管相对应； 2. 使用手轻轻推压笔套，直到完全嵌入笔管中
C	笔尖安装	15S	A	1. 在笔芯的出墨孔处涂上一层油，防止笔尖与笔芯之间出现不良情况； 2. 将笔尖从笔芯的底部插入，将笔尖与笔芯之间的接口处旋转，使其紧固
D	弹簧安装	2S	C	将弹簧从笔尖穿入，并卡住笔芯外侧卡槽
E	笔芯装入	3S	D	1. 将笔芯和弹簧插入笔管中，注意笔芯方向与笔管相对应； 2. 使用手轻轻推压笔芯，直到完全嵌入笔管中； 3. 调整笔芯长度，使笔芯长度与笔套相匹配
F	笔夹安装	3S	B	1. 将笔夹插入笔管中，注意笔夹方向与笔套相对应； 2. 使用手按住笔夹，轻轻推压，直到完全嵌入笔管中
G	弹力按钮安装	2S	F	将弹力按钮安装插入笔身上端，使用手轻轻推压，直到嵌入笔身中，并发出“嗒”的响声
H	规格及质量检验	5S	G	1. 按下弹力按钮，同时摇晃笔头，检查是否发生晃动； 2. 检查笔芯出墨状态，确保笔芯正常工作； 3. 清除多余杂物，使笔体干净整洁

续表

作业序号	工序	工序作业时间	紧前工序	生产步骤[1]
I	装盒	5S	H	将笔装入对应类型的圆珠笔包装盒并固定
J	贴标签	5S	I	将对应商标粘贴到包装盒封口固定位置
K	装箱打包	—	I	120盒成一组，装箱打包
L	放至传送带	—	K	将包装箱放置到传送带，送至存储区

注：①A-L共12个工序。其中，B-J采取流水线生产方式进行。

（二）作业或设计要求

（1）对企业三个系列产品全年第二季度的产品销售额进行ABC分析，见表13-9。

（2）统计第二季度三个系列产品销售产品相关零配件的实际需求量，见表13-10。

（3）统计6月30日18:00，三个系列圆珠笔零配件的库存信息，见表13-11。

（4）该产品在生产现场分析中发现组装生产瓶颈明显、生产效能不高的问题，图13-1为现有生产流程及生产节拍，请结合现有人员条件进行生产流程优化。

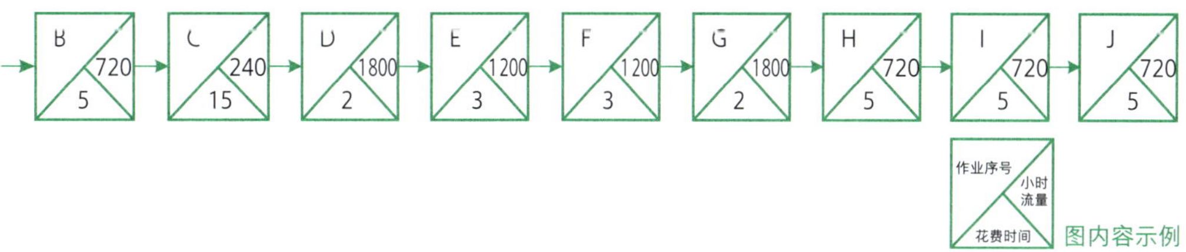

图13-1　现有生产流程及生产节拍

（5）结合优化后的生产流程，设计生产看板；进行生产现场布置，绘制生产区域平面布置图。

（6）6月30日，18∶00企业接到新订单，见表13-8，要求10天后发货，一车间计划7月1日开始生产，每天工作8小时，生产流程优化调整后的生产能力是否能够满足新订单需求，请进行生产需求统计，见表13-12；现有零配件库存是否能满足生产需求，如不能满足，请制订零配件采购计划，见表13-13，并合理制订生产作业计划，见表13-14。

表 13-8 产品订单（6 月 30 日 18：00）

产品类型	产品型号	数量 / 万支	备注
A	A01	1	
	A02	0.2	
	A03	0.2	
	A04	0.2	
B	B01	1	
	B02	0.1	
	B03	0.1	
	B04	0.1	
	B05	0.3	
	B06	0.3	
	B07	1	
	B08	0.1	
C	C01	0.1	
	C02	0	

（三）作业项目所需账、卡、表、单

1. 产品销售额ABC分析

表13-9　产品销售额ABC分类表（4月1日—6月30日）

产品类型	销量/万支	单价/元	销售额/万元	所占比重/%	累计比重/%	ABC分类
合计		—		—		

注：（A类：0~70%，B类70%~90%，C类90%~100%）

2. 销售产品相关零配件的实际需求量统计

表 13-10　销售产品相关零配件的实际需求量统计表（4 月 1 日—6 月 30 日）

零件	类型	A01	A02	A03	A04	B01	B02	B03	B04	B05	B06	B07	B08	C01	C02	需求量
笔管	Xl															
	Xh															
	Xf															
	Xb															
	Gj															
	Gy															
笔芯	Xh															
	Xl															
笔尖	G															
	H															
笔套	h															
笔夹	Xh															
	Gj															
	Gy															
螺旋弹簧	T															
弹力按钮	Xh															
	Gj															
	Gy															
包装盒	P															
	S															
	J															

3. 零配件库存信息统计

表 13-11　零配件库存信息统计表（截至 6 月 30 日 18:00）

零件	类型	A 01	A 02	A 03	A 04	B 01	B 02	B 03	B 04	B 05	B 06	B 07	B 08	C 01	C 02	生产需求量	采购量	库存量
笔管	Xl																	
	Xh																	
	Xf																	
	Xb																	
	Gj																	
	Gy																	
笔芯	Xh																	
	Xl																	
笔尖	G																	
	H																	
笔套	h																	
笔夹	Xh																	
	Gj																	
	Gy																	
螺旋弹簧	T																	
弹力按钮	Xh																	
	Gj																	
	Gy																	
包装盒	P																	
	S																	
	J																	

4. 生产流程优化

5. 生产看板设计

6. 生产现场布置

7. 产品生产需求统计

表 13-12　产品生产需求统计表（6 月 30 日，18：00 订单）

产品	销量	生产量	新订单量	产品库存	生产需求
A01					
A02					
A03					
A04					
B01					
B02					
B03					
B04					
B05					
B06					
B07					
B08					
C01					
C02					

8. 零部件采购计划

表 13-13　零部件采购计划表（6 月 30 日订单，18：00 订单）

零件	类型	A01	A02	A03	A04	B01	B02	B03	B04	B05	B06	B07	B08	C01	C02	零部件需求量	库存量（6月30日）	零部件采购量	订货期/天
笔管	Xl																		
	Xh																		
	Xf																		
	Xb																		
	Gj																		
	Gy																		
笔芯	Xh																		
	Xl																		
笔尖	G																		
	H																		
笔套	h																		
笔夹	Xh																		
	Gj																		
	Gy																		
螺旋弹簧	T																		
弹力按钮	Xh																		
	Gj																		
	Gy																		
包装盒	P																		
	S																		
	J																		

9. 产品生产作业计划

表 13-14　产品生产作业计划表（6 月 30 日，18：00 订单）

产品	生产计划总量 / 万支	6 月 30 日	7 月 1 日	7 月 2 日	7 月 3 日	7 月 4 日	7 月 6 日	7 月 7 日	7 月 8 日	7 月 9 日	7 月 10 日
A01											
A02											
A03											
A04											
B01											
B02											
B03											
B04											
B05											
B06											
B07											
B08											
C01											
C02											

（四）实训报告

填写实训报告，见表 13-15。

表 13-15　实训报告

姓名		学号	
专业		班级	
实训日期		指导教师	
实训项目			
实训收获及反思			

14 项目十四

Chapter

物流路径优化

学习目标

素养目标

- 树立敬业精神、安全意识和节约意识
- 培养学生的团队协作能力和沟通能力
- 培养学生分析问题、解决问题的能力
- 培养学生优化物流路径的意识

知识目标

- 熟悉物流路径优化的影响因素
- 掌握物流路径优化的方法
- 掌握物流路径计算指标功能

技能目标

- 能够根据相关信息，利用经验来优化物流路径
- 能够利用数学计算的方法来优化物流路径
- 能够从多种优化方案中选取合理的物流路径
- 能够根据业务需求，合理进行车辆配备

建议学时： 4 ~ 8 课时

思维导图

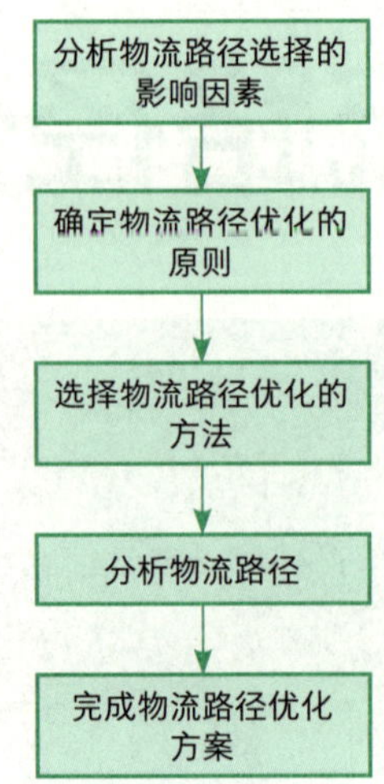

一、项目概述

根据不同客户的需求特点，整合影响配送运输的各种要素，合理配置运输车辆，优化物流路径，将客户所需的商品准确送达，最终达到节省时间、运距和降低物流成本的目的。

二、工作依据

- 《中华人民共和国道路交通安全法》
- 《中华人民共和国道路交通安全法实施条例》
- 《中华人民共和国公路法》
- 《中华人民共和国道路运输条例》
- 《道路货物运输及站场管理规定》
- 《道路运输车辆技术管理规定》
- 《道路运输从业人员管理规定》
- 《物流术语》(GB/T 18354—2021)
- 《道路运输术语》(GB/T 8226—2023)
- 《物流中心作业通用规范》(GB/T 22126—2008)

三、场地与设备要求

（一）场地要求

在运输实训室进行。实训场所面积至少 80 m^2，能够满足每个班 40 人同时开展物流路径优化实训教学项目。

（二）设备要求

满足实训需求的运输地点指示牌。

四、项目岗位能力要求

该项目面向物流路径优化的主要工作内容、基本技术、相关知识、技能要求、职业素养，如表 14-1 所示。

表 14-1 物流路径优化岗位能力要求

职业岗位	主要工作内容	基本技术	相关知识	技能要求	职业素养
调度员	物流路径优化	分析物流路径选择影响因素	各种影响因素的内容条件	1. 分析道路允许通行时间、运输车辆载重、物流中心能力、自然因素及其他不可抗力因素等影响物流路径的客观因素； 2. 分析收货人对送达的货物要求、时间要求、地点要求等影响物流路径的主观因素	做好路径优化要考虑众多影响因素，体现了敬业精神；要以保障交通安全为前提，节约运力，提升效率
		确定物流路径优化的原则	各种优化原则的作用与意义	1. 以效益最高为原则的分析方法； 2. 以路程最短为原则的分析方法； 3. 以时间与距离乘积最小为原则的分析方法； 4. 以准确性最高为原则的分析方法	在物流路径优化的过程中，培养物流作业优化意识
		选择物流路径优化的方法	各种优化手段的计算方法	根据影响因素与优化原则选择物流优化方法，会应用综合评价法、线性规划法、网络图法和节约里程法等	通过对各种物流路径优化方法的运用，提升分析问题、解决问题的能力
		分析物流路径	数据收集与计算分析方法	收集相关数据，利用已选择的优化方法进行分析	通过团队协作收集相关数据；在有效沟通过程中分析问题、解决问题
		完成物流路径优化方案	方案的撰写要求	选择优化路径，合理进行资源配置，制定优化方案，指导相关部门实施	通过物流路径优化方案的制定，强化物流作业优化意识

五、考核评价标准

物流路径优化考核评分表如表 14-2 所示。

表 14-2　物流路径优化考核评分表

专业　　　　　　班级　　　　　　姓名（小组）

考核项目	评分标准及说明	项目分值 / 分
确定物流路径优化原则	以路程最短为原则，计算最短距离并填表，正确得19分；每错扣1分，最多扣19分	19
优化物流路径	计算节约里程并填表，正确得20分；每错扣1分，最多扣20分	20
	节约里程按节约量由大到小进行排序，正确得10分；每错扣2分，最多扣10分	10
绘制配送路线图	配送路线图绘制规范，标注准确得15分；每错扣5分，最多扣15分	15
优化成本核算	优化前，往复送货时，物流成本核算准确得10分；每错扣5分，最多扣10分	10
	优化后，循环送货时，物流成本核算准确得10分；每错扣5分，最多扣10分	10
	优化后，降低物流成本，核算正确得6分；每错扣3分，最多扣6分	6
制定物流路径优化方案	路径优化路线制定完整，方案正确得10分；每错扣5分，最多扣10分	10
合计		100

考核日期：　　年　月　日

六、技能训练内容

(一) 资料包

1. 基础数据

某物流中心P将于12月27日向德麟(A)、德来(B)、德嫣(C)、德家(D)、德兰(E)、德乐(F)、德程(G)7家公司配送货物，如图14-1所示。图中连线上的数字表示公路里程(km)。靠近各公司括号内的数字表示各公司对货物的需求量(t)。物流中心备有4 t和6 t载重量的汽车可供使用，假设送到时间均符合用户要求。

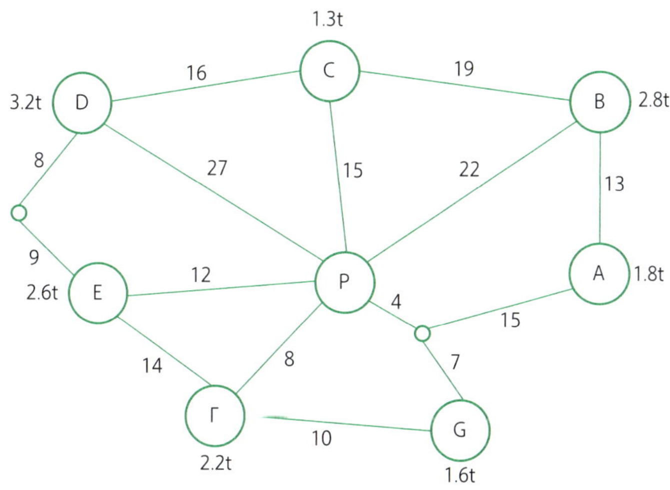

图14-1 物流中心P向7家公司配送货物图

2. 成本核算

物流中心在向客户配送货物的过程中每小时平均支出成本为220元，假定卡车行驶的平均速度为38.5 km/h，试比较优化后的方案比往返向各客户分送可节约费用。

(二) 作业或设计要求

(1) 计算物流中心到各点以及各点之间的最短距离，做出最短距离表，见表14-3。

(2) 计算节约里程，做出节约里程表，见表14-4。

(3) 编制节约里程排序表，见表14-5。

(4) 绘制配送路线图。

(5) 优化成本核算，要求有计算过程。

(6) 制定物流路径优化方案。

（三）作业项目所需账、卡、表、单

1. 计算最短距离并填表

表 14-3　最短距离表

	P							
A		A						
B			B					
C				C				
D					D			
E						E		
F							F	
G								G

2. 计算节约里程并填表

表 14-4　节约里程表

A	A						
B		B					
C			C				
D				D			
E					E		
F						F	
G							G

3. 节约里程排序

表 14-5　节约里程排序表

4. 绘制配送路线

5. 优化成本核算

6. 制定物流路径优化方案

（四）实训报告

填写实训报告，见表 14-6。

表 14-6　实训报告

姓名		学号	
专业		班级	
实训日期		指导教师	
实训项目			
实训收获及反思			

15 项目十五

Chapter

货物配装

学习目标

素养目标

- 树立敬业精神、安全意识、节约意识和劳动意识
- 培养学生的团队协作能力和沟通能力
- 培养学生精益求精的工匠精神
- 培养学生吃苦耐劳的优良品质
- 培养学生分析问题、解决问题的能力
- 培养学生物流作业优化意识

知识目标

- 掌握各种货物的规格和特性
- 掌握各类车辆的规格特点
- 掌握货物配载的计算方法

技能目标

- 能够根据货物的特点与运输目的地进行货物分类
- 能够根据货物数量与特性选择相应车辆
- 能够根据物流综合价值优化配装作业

建议学时： 2 ~ 4 课时

思维导图

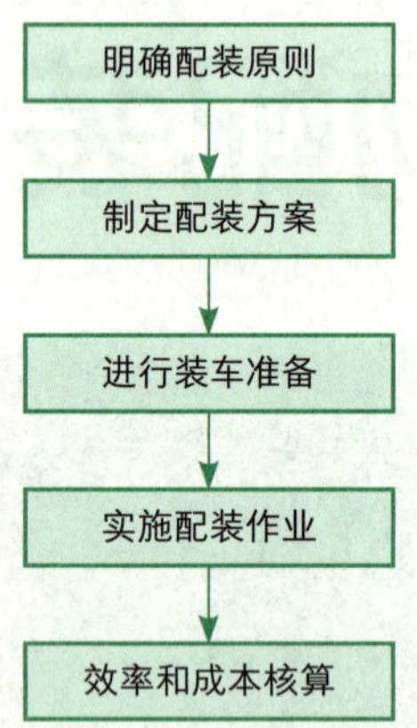

一、项目概述

根据客户订单需求及货物种类特性，结合拣选工作进程，按照货物配装原则，对待送货物进行配装方案设计并组织实施。

二、工作依据

- 《物流术语》(GB/T 18354-2021)
- 《道路运输术语》(GB/T 8226-2023)
- 《仓储服务质量要求》(GB/T 21071-2021)
- 《物流中心作业通用规范》(GB/T 22126-2008)

三、场地与设备要求

(一) 场地要求

在运输实训室进行。实训场所面积至少 200 m^2，能够满足每个班 40 人同时开展货物配装实训教学项目。

(二) 设备要求

(1) 至少 3 种型号不同的装载车辆。

(2) 集装容器（托盘、料盒）。

① 托盘。

● 主要功能: 用于货物集结、成组化堆码，便于货物装卸和搬运。

● 技术要求: 商务部推荐规格为 1 200 mm × 1 000 mm；材质为木制、塑料等；托盘的高度应匹配货位和运输。

② 周转箱。

● 主要功能: 用于盛装货物并封箱，可多次周转、反复使用。

● 技术要求: 材质为塑料抗冲击改性 PP；基础尺寸为 600 mm × 400 mm 或与物流模数相匹配。

(3) 纸箱 (多种不同尺寸规格的纸箱)。

四、项目岗位能力要求

该项目面向货物配装的主要工作内容、基本技术、相关知识、技能要求、职业素养，如表 15-1 所示。

表 15-1　货物配装岗位能力要求

职业岗位	主要工作内容	基本技术	相关知识	技能要求	职业素养
仓管员	货物配装	依据配装原则指导作业	配装作业要求	能够依据配装原则指导作业管理： 1. 依据中转先运、急件先运、先托先运、合同先运的原则； 2. 对一张托运单和一次中转的货物，需一次运清，不得分送； 3. 凡是可以直达运送的货物必须直达运送；必须中转的货物，合理流向配载，不得任意增加中转环节； 4. 充分利用车辆的载重量和容积进行轻重配装，巧装满装； 5. 认真执行货物混装限制规定，确保运输安全； 6. 加强预报中途各站的待运量，尽可能使同站卸装的货物在吨容积上相适应	配装作业过程要考虑到货物及车辆的每一处细节，培养敬业精神，精益求精的工匠精神；要考虑装载量是否影响交通安全，装载空间是否影响货物安全，货物与货物之间是否有安全隐患；是否充分利用运载资源，节约运输成本
		制定配装方案	配装方案的撰写要求	依据客户货物参数计算货物体积及重量；分析影响因素，进行运输车辆选择；绘制货物装载平面示意图	在方案制定的过程中培养分析问题、解决问题的能力，强化物流作业优化意识
		进行装车准备	相关单据、报表的内容与要求	按照车辆的容载量和货物长短、大小、性质进行合理配装，填制配装单和货物交接清单；各种随货单证分附于交接单后面；各种单据核对货物堆放位置，做好标记	在装车前要重视团队沟通、协作，保障装车作业顺利进行
		实施配装作业	配装操作规范	按照任务要求完成配装作业	装车过程首先要保证作业安全，在有一定劳动强度的工作中培养劳动意识和吃苦耐劳的优良品质
仓储经理	效率和成本核算	效率和成本核算	效率和成本核算要求	根据需要配装的货物，选择适宜的车辆，计算车辆配载利用率及成本核算	以培养劳动者、劳动资料、劳动对象及其优化组合的质变为基本内涵，实现全要素生产率的提升

虚拟仿真：货物配装

虚拟仿真：车辆配载原则

五、考核评价标准

货物配装考核评分表如表 15-2 所示。

表 15-2 货物配装考核评分表

专业　　　　　　　　班级　　　　　　　　姓名（小组）

考核项目	评分标准及说明	项目分值 / 分
货物体积计算	箱装货物体积计算准确得5分；有错扣5分	5
	物流箱使用体积计算正确得5分；有错扣5分	5
	配装货物总体计算正确得5分；有错扣5分	5
配装车辆选择	车辆选择合理得10分；不合理扣10分	10
完成配装平面示意图	示意图完成清晰合理得10分；示意图完成不清晰扣5分，不合理扣5分	10
配装作业实施	配装货物全部合理放置，无丢货、落货现象得15分；少放一箱扣5分，最多扣15分	15
	配装货物合理放置，无倒置、挤压现象得15分；每错扣5分，最多扣15分	15
	配装过程操作规范，无扔货、掉货现象得15分；每错扣5分，最多扣15分	15
	作业时间（时间为：　　秒） 教师根据实际作业场景合理制定时间要求	
车辆利用率计算及成本核算	车辆利用率计算正确得10分；有错扣10分	10
	成本核算正确得10分；有错扣10分	10
合计		100

考核日期：　　年　月　日

六、技能训练内容

（一）资料包

1. 基础数据

（1）车辆信息。

① 车辆规格。

a. 大车规格:

- 车厢内尺寸（长 × 宽 × 高）: 1.524 25 m × 0.924 27 m × 0.83 m。
- 车辆外尺寸（长 × 宽 × 高）: 1.60 m × 1.05 m × 0.91 m。
- 车厢侧拉门 1 个、后双开门 1 个。

b. 小车规格:

- 车厢内尺寸（长 × 宽 × 高）: 1.37 m × 0.90 m × 0.90 m。
- 车辆外尺寸（长 × 宽 × 高）: 1.41 m × 0.97 m × 0.94 m。
- 车厢侧拉门 1 个、后双开门 1 个。

以上数据误差在 ±0.02 m。

② 车辆使用成本。大车为 500 元，小车为 300 元。

（2）月台、托盘及物流箱信息。

① 月台信息。参考尺寸（长 × 宽）为 2 000 mm × 1 000 mm 共 3 个月台。

② 托盘信息参考尺寸（长 × 宽 × 高）为 1 200 mm × 1 000 mm × 160 mm；使用价格为 20 元 / 个。

③ 物流箱信息。参考尺寸（长 × 宽 × 高）为 600 mm × 400 mm × 150 mm；使用价格为 10 元 / 个。

（3）包装箱信息见表 15-3。

表 15-3　包装箱信息表

序号	物品名称	规格	单位
1	婴儿纸尿裤	460 mm × 260 mm × 180 mm	箱
2	顺心奶嘴	395 mm × 245 mm × 180 mm	箱
3	婴儿美奶粉	395 mm × 295 mm × 180 mm	箱
4	婴儿湿巾	395 mm × 295 mm × 180 mm	箱
5	诚诚油炸花生仁	448 mm × 276 mm × 180 mm	箱
6	幸福方便面	以现场货物包装规格为准或 448 mm × 276 mm × 180 mm	箱
7	可乐年糕	以现场货物包装规格为准或 395 mm × 245 mm × 180 mm	箱

（4）现场操作时，可按实际车辆和货物的包装规格设定。

2. 月台点检单

月台点检单见表 15-4 至表 15-6。

表 15-4　一号月台点检单（德鄢公司）

序号	商品名称	单位	订购数量	计划出库数量	实际出库数量
1	幸福方便面	箱	5	5	
2	可乐年糕	箱	4	4	
3	RIOBA天然矿泉水330 ml	瓶	2	2	
4	百事可乐	瓶	12	12	
5	蜂蜜红枣茶	瓶	1	1	
6	极度百事可乐	瓶	1	1	
7	七喜	瓶	2	2	
8	统一葡萄多	瓶	2	2	
9	怡宝饮用纯净水	瓶	5	5	
合计		—	34	34	

表 15-5　二号月台点检单（德来公司）

序号	商品名称	单位	订购数量	计划出库数量	实际出库数量
1	顺心奶嘴	箱	10	10	
2	可乐年糕	箱	7	7	
3	RIOBA天然矿泉水330 ml	瓶	2	2	
4	百事可乐	瓶	2	2	
5	蜂蜜红枣茶	瓶	1	1	
6	极度百事可乐	瓶	2	2	
7	七喜	瓶	1	1	
8	统一葡萄多	瓶	1	1	
9	怡宝饮用纯净水	瓶	2	2	
合计		—	28	28	

表 15-6　三号月台点检单（德麟公司）

序号	商品名称	单位	订购数量	计划出库数量	实际出库数量
1	婴儿美奶粉	箱	13	13	
2	可乐年糕	箱	5	4	

续表

序号	商品名称	单位	订购数量	计划出库数量	实际出库数量
3	C满E维生素C	瓶	8	8	
4	2B铅笔	盒	2	2	
5	dorr口杯	个	2	2	
6	阿狸直尺	盒	2	2	
7	白板笔	盒	2	2	
8	白菜碟	个	2	2	
9	财会专用中性笔	盒	2	2	
10	彩色笔	盒	2	2	
11	儿童调羹	盒	2	2	
12	儿童套花纺线筷	盒	2	2	
合计		—	44	43	

（二）作业或设计要求

（1）计算货物体积。

（2）配送车辆选择。

（3）依据点检单制定配载方案，绘制配载平面示意图。

（4）实施配载装车作业。

（5）计算车辆配载利用率及成本核算。

（三）作业项目所需账、卡、表、单

1. 计算货物体积和配送车辆选择

计算货物体积	
配送车辆选择	

2. 绘制配载平面示意图

3. 计算车辆配载利用率及成本核算

（四）实训报告

填写实训报告，见表 15-7。

表 15-7　实训报告

姓名		学号	
专业		班级	
实训日期		指导教师	
实训项目			
实训收获及反思			

16 项目十六

Chapter

销售作业优化

学习目标

素养目标

- 树立敬业精神、安全意识、节约意识和劳动意识
- 培养良好的沟通能力和团队合作能力
- 培养风险意识，能够有效降低销售风险
- 具备销售人员职业操守，廉洁奉公

知识目标

- 掌握从事销售市场调研的基础知识
- 掌握客户关系管理的基础知识和基本方法
- 熟悉客户订单货物供货的相关知识

技能目标

- 能够进行区域市场信息收集，独立完成销售问卷设计
- 能够建立和完善客户档案资料，进行客户优先权分析
- 能够整理客户订单信息，完成客户优先权分析
- 能够根据客户订单，进行成品库存管理与分配

建议学时： 4 ~ 8 课时

思维导图

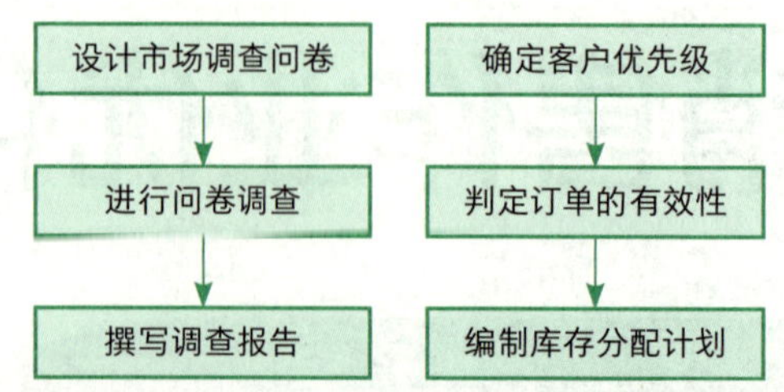

一、项目概述

通过开展市场调研分析，了解销售市场需求，作为调整企业供货方向和库存管理策略的依据；根据客户档案和历史合作数据设定客户优先级，分析客户订单信息，选择有效订单，完成库存分配计划。

二、工作依据

- 《中华人民共和国民法典》

三、场地与设备要求

（一）场地要求

在物流软件实训室或具备计算机操作环境的实训室进行。实训场所面积至少 80 m^2，能够满足每个班 40 人同时开展销售作业优化实训教学项目。

（二）设备要求

1. 计算机

（1）主要功能：用于完成市场调查问卷设计、客户管理和订单管理硬件基础。

（2）技术要求：见《高等职业学校物流管理专业实训教学条件建设标准》中的“表 6 物流软件实训室设备要求”。

2. Office 办公系统

（1）主要功能：用于进行问卷数据的统计分析、调研报告撰写。

（2）技术要求：Microsoft Office 2013 以上版本或 WPS Office。

四、项目岗位能力要求

该项目面向销售作业优化的主要工作内容、基本技术、相关知识、技能要求、职业素养，如表 16-1 所示。

表 16-1 销售作业优化岗位能力要求

职业岗位	主要工作内容	基本技术	相关知识	技能要求	职业素养
销售	市场预测	设计市场调查问卷，并对问卷回收结果进行分析	调查问卷发放与内容设计、数据统计	能够独立进行调查问卷设计，并对回收问卷进行整理和数据分析	树立敬业精神和劳动意识； 培养良好的沟通能力和团队合作能力
	客户关系管理	对现有客户群体进行客户优先级设定	客户信息管理	能够收集客户信息，并对客户供货优先级进行设置	树立敬业精神和安全意识，以恪尽职守、精益求精的工作态度，保证客户信息的安全；具备销售人员的职业操守，廉洁奉公，公平处理客户优先等级
	订单管理	对客户订单进行有效性分析	订单信息收集、订单信息分析	能够区分有效订单与无效订单	培养风险意识，能够有效降低销售风险
	成品库库存管理	根据客户订单进行库存分配	库存控制、缺货处理	能够根据有效订单，合理分配现有库存	树立敬业精神、节约意识；具备销售人员的职业操守，廉洁奉公，对有效订单合理分配库存

五、考核评价标准

销售作业优化考核评分表，见表 16-2 所示。

表 16-2　销售作业优化考核评分表

专业　　　　　　　　　　　　班级　　　　　　　　　　　　姓名（小组）

考核项目	评分标准及说明	项目分值 / 分
市场预测	完成市场调查设计基本情况表，内容合理得28分；不合理每空扣4分；	28
	完成市场调查问卷表并发放电子问卷，根据回收问卷，完成数据分析结果，撰写市场调研报告，结构、内容合理得29分；格式不规范扣7分；数据分析不合理扣12分；调研结论不合理扣10分	29
客户关系管理	完成客户优先级列表，缮制合理，得12分；填写错误，每错扣2分	12
订单管理	完成订单有效性分析结果表，填写正确得6分；填写错误，每错扣1分	6
成品库 库存管理	完成库存分配表，填写正确得25分；填写错误，每错扣0.5分，最多扣25分	25
合计		100

考核日期：　　年　月　日

六、技能训练内容

（一）资料包

1. 市场调查问卷的内容要素要求

（1）标题。能够让调查对象明白本次调查的意图。

（2）前言。向调查对象简要说明调查的宗旨、目的和对问题回答的要求等内容。

例如：尊敬的女士/先生：

您好！我是XX学院XX专业的学生，正在进行一项关于本专科院校师生对于大学校园周边便利店购买需求的调查。调查数据仅供教学实训使用，非常感谢您的支持与配合！

（3）正文。

① 内容。问卷的主体部分主要包括：调查对象的信息和调查项目。

调查对象的信息一般包括但不限于：被调查者的姓名、性别、年龄、受教育程度等。

调查项目是问卷的核心内容，是本次问卷调查所要了解的内容，具体化为问卷中的问题。

② 题目形式。调查问卷包括的题型主要有：单选题、多选题、填空题、矩阵题、量表题、排序题、比重题等。

（4）结束语。在调查问卷全部题目回答结束后，利用简短的语句向调查对象强调本次调查活动的重要性并再次表达谢意。

2. 市场调研报告的撰写要求

（1）文字要求。文字通顺，语言流畅，无错别字。

（2）图表要求。调研报告中的附图应统一编排序号并赋予图名。

（3）内容层次要求。正文内容层次要分明，各级序号不得混用，可采用以下序号：

一级标题序号：一、二、三、……

二级标题序号：（一）（二）（三）……

三级标题序号：1. 2. 3……。

（4）格式要求。页边距设置为上 2.5 cm、下 2.5 cm、左 3.0 cm、右 3.0 m；行边距设置值为 1.5 倍；页码统一设置为居中。标题用三号黑体，正文一级标题用四号宋体加粗，正文（含二级标题及以下所有标题）用小四号宋体。

3. 客户信息

客户档案如表 16–3 至表 16–5 所示。

表 16–3　客户档案

客户编号	2008160902					
公司名称	德鄢便利店			助记码	DY	
法人代表	薛瑾	家庭地址	天津市南开区林南苑11–3–803		联系方式	022–2765****

续表

证件类型	营业执照	证件编号	12010875437****			营销区域	塘汉大
公司地址	天津市西青区晚霞路43号			邮编	300587	联系人	范威
办公电话	022-238765**		家庭电话	022-286579**		传真号码	022-2387****
电子邮箱	meiyan@oyou.com		QQ账号	21154679**		微信号	2115467907
开户银行	津广银行			银行账号	5357899765569		
公司性质	中外合资	所属行业	零售业	注册资金	3 600万元	经营范围	食品、日用品
信用额度	190万元	忠诚度	高	满意度	高	应收账款	178万元
建档时间	2008年8月			维护时间	2024年4月		
备注:							

表16-4 客户档案

客户编号	2004030123						
公司名称	德来便利店				助记码	DL	
法人代表	王永红	家庭地址	天津市北辰区佳和家园5-2-502			联系方式	022-665544**
证件类型	营业执照	证件编号	120106754788***			营销区域	天津市区
公司地址	天津市西青区星河路243号			邮编	300875	联系人	任程程
办公电话	022-286548**	家庭电话		022-643389**		传真号码	022-286548**
电子邮箱	meilai@126.com	QQ账号		87538853**		微信号	87538853**
开户银行	新华商业银行			银行账号	86439896420427		
公司性质	民营	所属行业	零售业	注册资金	1 200万元	经营范围	食品、办公用品
信用额度	150万元	忠诚度	高	满意度	较高	应收账款	142万元
建档时间	2006年5月			维护时间	2024年4月		
备注:							

表16-5 客户档案

客户编号	2009012403					
公司名称	德麟公司			助记码	DLL	
法人代表	李文和	家庭地址	天津市滨海新区霞光街水岸渔村3-301		联系方式	022-334386**

续表

证件类型	营业执照	证件编号	120103789346***			营销区域	华北地区
公司地址	天津市滨海新区新民道93号			邮编	300026	联系人	李凯
办公电话	022-826418**	家庭电话		022-378274**		传真号码	022-826418**
电子邮箱	Meilin@139.com	QQ账号		7384962**		微信号	7384962**
开户银行	海河银行滨海支行			银行账号	1566331510296580		
公司性质	民营	所属行业	零售	注册资金	400万元	经营范围	食品、日用百货
信用额度	160万元	忠诚度	较高	满意度	高	应收账款	152.5万元
建档时间	2009年1月			维护时间	2024年3月		
备注：							

4. 客户关系信息资料

客户关系信息如表 16-6。

表 16-6　客户关系信息

项目	优先权评价系数	客户		
		德鄢便利店	德来便利店	德麟便利店
客户去年的需求量的比例	0.40	36%	25%	39%
交货时间/天	0.15	4	7	10
客户信誉度	0.20	优（90）	优（90）	良（80）
信用额度	0.25	见客户档案	见客户档案	见客户档案

5. 客户采购订单

客户采购订单如表 16-7 至表 16-9 所示。

表 16-7　德鄢便利店采购订单

订单编号：D201905120102

序号	商品名称	单位	单价 / 元	订购数量	金额 / 元	备注
1	幸福方便面	箱	200	20	4 000	
2	可乐年糕	箱	170	15	2 550	
3	诚诚油炸花生仁	箱	280	10	2 800	
4	雅比沙拉酱	箱	260	6	1 560	
合计				51	10 910	

表 16-8　德来便利店采购订单

订单编号：D201905120103

序号	商品名称	单位	单价 / 元	订购数量	金额 / 元	备注
1	顺心奶嘴	箱	500	10	5 000	
2	可乐年糕	箱	170	3	510	
3	大王牌大豆酶解蛋白粉	箱	1 200	20	24 000	
4	梦阳奶粉	箱	2 500	40	100 000	
合计				73	129 510	

表 16-9　德麟便利店采购订单

订单编号：D201905120104

序号	商品名称	单位	单价 / 元	订购数量	金额 / 元	备注
1	梦阳奶粉	箱	2 500	15	37 500	
2	可乐年糕	箱	170	20	3 400	
3	兴华苦杏仁	箱	320	15	4 800	
4	隆达葡萄籽油	箱	3 200	6	19 200	
合计				56	64 900	

6. 库存信息资料

库存信息见表 16-10。

动画：制定库存分配计划表

表 16-10　库存信息

序号	商品名称	规格	单位	库存量
1	顺心奶嘴	448 mm × 276 mm × 180 mm	箱	18
2	幸福方便面	586 mm × 378 mm × 180 mm	箱	15
3	可乐年糕	353 mm × 235 mm × 180 mm	箱	27
4	雅比沙拉酱	586 mm × 378 mm × 180 mm	箱	15
5	诚诚油炸花生仁	353 mm × 235 mm × 180 mm	箱	23
6	大王牌大豆酶解蛋白粉	353 mm × 235 mm × 180 mm	箱	23
7	梦阳奶粉	353 mm × 235 mm × 180 mm	箱	33
8	兴华苦杏仁	353 mm × 235 mm × 180 mm	箱	13
9	隆达葡萄籽油	353 mm × 235 mm × 180 mm	箱	15

（二）作业或设计要求

（1）作为一家给大学校园附近便利商店供货的企业，天明公司面向广大师生的购买需求设计调查问卷，见表 16-11 和表 16-12。

（2）利用问卷星或其他调研工具，将调查问卷内容电子化，面向班级内全体师生发放问卷调查二维码，并回收问卷，完成调研数据分析报告，作为调整企业供货方向和库存管理策略的依据。

（3）根据资料包所给的客户信息，客户档案见表 16-3 至表 16-5，客户关系信息见表 16-6，设定客户优先级，填制表 16-13。

（4）根据汇总资料包中的客户采购订单信息（见表 16-7 至表 16-9），判定订单的有效性，填制表 16-14。

（5）将有效订单的订货信息汇总，并根据表 16-10 库存信息，制订库存分配计划，填制表 16-15。

（三）作业项目所需账、卡、表、单

表 16-11　市场调查设计基本情况表

调查主题	
调查目的	
调查对象	
调查方式	
调查工具	
调查时间	
调查人数	

表 16-12　市场调查问卷表

问卷标题	
前言（说明语）	
正文	
一、	被调查者信息
问题（注明题型）	
答案（空格、选项、量表等）	
问题（注明题型）	
答案（空格、选项、量表等）	
问题（注明题型）	
答案（空格、选项、量表等）	
问题（注明题型）	
答案（空格、选项、量表等）	
二、	调查项目
问题（注明题型）	
答案（空格、选项、量表等）	
问题（注明题型）	
答案（空格、选项、量表等）	
问题（注明题型）	
答案（空格、选项、量表等）	
问题（注明题型）	
答案（空格、选项、量表等）	
问题（注明题型）	
答案（空格、选项、量表等）	
问题（注明题型）	
答案（空格、选项、量表等）	
问题（注明题型）	

续表

答案（空格、选项、量表等）	
问题（注明题型）	
答案（空格、选项、量表等）	
问题（注明题型）	
答案（空格、选项、量表等）	
问题（注明题型）	
答案（空格、选项、量表等）	
问题（注明题型）	
答案（空格、选项、量表等）	
问题（注明题型）	
答案（空格、选项、量表等）	
问题（注明题型）	
答案（空格、选项、量表等）	
问题（注明题型）	
答案（空格、选项、量表等）	
问题（注明题型）	
答案（空格、选项、量表等）	
问题（注明题型）	
答案（空格、选项、量表等）	
结束语	

表 16-13　客户优先级列表

客户	德鄅便利店	德来便利店	德麟便利店
信用额度			
客户优先级排序			

表 16-14　订单有效性分析结果

客户	德鄅便利店	德来便利店	德麟便利店
订单金额			
订单是否有效			

表 16-15　库存分配表

序号	商品名称	订货数量			计划出库数量	现有库存数量	库存分配计划			库存结余	缺货数量
		德鄅便利店	德来便利店	德麟便利店			德鄅便利店	德来便利店	德麟便利店		
1	幸福方便面										
2	可乐年糕										
3	诚诚油炸花生仁										
4	雅比沙拉酱										
5	顺心奶嘴										
6	大王牌大豆酶解蛋白粉										
7	梦阳奶粉										
8	兴华苦杏仁										
9	隆达葡萄籽油										
数量合计											

（四）实训报告

填写实训报告，见表 16-16。

表 16-16　实训报告

姓名		学号	
专业		班级	
实训日期		指导教师	
实训项目			
实训收获及反思			

17 项目十七

C h a p t e r

物流综合作业

学习目标

素养目标

- 培养良好的沟通能力和团队合作能力
- 具备基本技能，注重作业细节和职业操守
- 树立质量意识、环保意识、成本意识、劳动意识和安全意识
- 培养信息素养、工匠精神、创新思维、全球视野和市场洞察力

知识目标

- 熟悉物流活动过程及现场管理的基本流程
- 掌握物流运作的基本知识与方法
- 掌握物流作业的优化方法
- 掌握物流信息技术运用的基本知识
- 熟悉大数据、人工智能、5G、物联网的新知识和新技术

技能目标

- 能够对物流市场进行分析并实施有效客户服务
- 能够进行良好的沟通和采购谈判
- 能够利用物流信息技术有效进行仓储、配送、运输等作业管理
- 能够进行物流成本核算与分析
- 能够运用科学的管理技术解决物流活动中出现的问题
- 能够运用先进技术提升物流运作效率

建议学时： 12 ~ 24 课时

思维导图

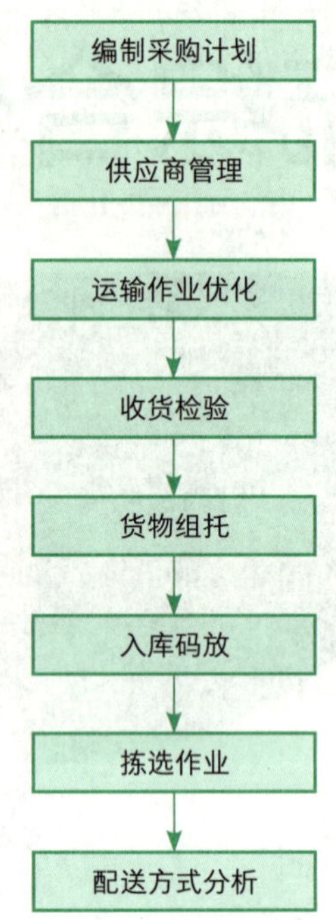

一、项目概述

物流综合作业是在物流活动中应用采购、运输、仓储、配送、经营管理等方面的数据，进行组织管理和作业流程优化，现场问题的分析与处理，使物流活动更加顺畅。

二、工作依据

- 《中华人民共和国政府采购法》
- 《中华人民共和国政府采购法实施条例》
- 《中华人民共和国民法典》
- 《中华人民共和国道路交通安全法》
- 《中华人民共和国道路交通安全法实施条例》
- 《道路运输从业人员管理规定》
- 《高等职业学校物流管理专业教学标准》
- 《高等职业学校物流管理专业实训教学条件建设标准》
- 《企业会计准则》
- 《中华人民共和国职业分类大典　仓储管理员》

- 《零售商采购规程》(GB/T 33493-2017)
- 《合格供应商信用评价规范》(GB/T 23793-2017)
- 《工业企业供应商管理评价准则》(GB/T 33456-2016)
- 《道路运输术语》(GB/T 8226-2023)
- 《物流中心作业通用规范》(GB/T 22126-2008)
- 《仓储从业人员职业资质》(GB/T 21070-2007)
- 《仓储服务质量要求》(GB/T 21071-2021)
- 《通用仓库等级》(GB/T 21072-2021)
- 《物流术语》(GB/T18354-2021)
- 《仓储作业规范》(SB/T 10977-2013)

三、场地与设备要求

(一) 场地要求

实训场所面积应不小于 500 m^2，能够满足每个班 40 人，分组开展物流综合作业实训教学项目。

(二) 设备要求

1. 各种货架

货架包括自动存取货架、箱式存储货架、托盘式存储货架等。

(1) 横梁式货架 (托盘式货架)。

① 主要功能: 用于成组化货物的仓储业务，为存储型货架。

② 技术要求: 见《高等职业学校物流管理专业实训教学条件建设标准》中的“表 3 仓储实训室设备技术要求”。

虚拟仿真:
重型货架

(2) 轻型搁板式货架。

① 主要功能: 用于轻、小货物及散件物品的仓储业务，为存储型货架。

② 技术要求: 见《高等职业学校物流管理专业实训教学条件建设标准》中的“表 3 仓储实训室设备要求”。

虚拟仿真:
中型货架

(3) 通廊式货架。

① 主要功能: 用于少品种、大批量的成组化货物仓储业务，为存储型货架。

② 技术要求: 见《高等职业学校物流管理专业实训教学条件建设标准》中的“表 3 仓储实训室设备要求”。

(4) 其他存储型货架。

技术要求: 见《高等职业学校物流管理专业实训教学条件建设标准》中的“表 3 仓储实训室设备要求”。

注：货架最低限度有一种即可。

2. 集货装具

集货装具包括托盘、周转箱等，以托盘为例。

托盘

(1) 主要功能：用于货物集结、成组化堆码。

(2) 技术要求：商务部推荐规格为 1 200 mm × 1 000 mm；材质为木制、塑料等；托盘的高度应匹配货位和常载货物包装尺寸。

3. 搬运工具

搬运工具包括搬运车、手动托盘搬运车、无人搬运叉车等。

(1) 搬运车。

① 主要功能：以人力为主，在路面上从事水平搬运作业。

② 技术要求：标准静音手推车；满载质量 75 kg 以上。

(2) 手动托盘搬运车。

① 主要功能：依靠人力，用于低层货物成组化存取及装卸搬运，主要进行货物的水平位移。

② 技术要求：额定起重量≥ 1 000 kg；起升高度为 90 ~ 185 mm。

(3) 无人搬运叉车。

① 主要功能：用于搬运作业。无人搬运设备替代传统人工搬运车和手动托盘搬运车，提高物流作业效率。

② 技术要求：叉车型；激光导引行走方向；无线通信；举升高度≥ 3.5 m；额定载重≥ 2 000 kg。

注：搬运工具最低限度有一种即可。

4. 信息采集和传输设备

信息采集和传输设备包括条码识别系统、手持式 RF 智能终端、穿戴式 RF 智能终端等。

(1) 条码识别系统。

① 主要功能：用于识别条码所代表的信息。

② 技术要求：见《高等职业学校物流管理专业实训教学条件建设标准》中的“表 2 基础实训室设备要求”。

(2) 手持式 RF 智能终端。

① 主要功能：用于入库、盘点、出库等业务操作。

② 技术要求：见《高等职业学校物流管理专业实训教学条件建设标准》中的“表 2 基础实训室设备要求”。

(3) 穿戴式 RF 智能终端。

① 主要功能：无须手持，支持边工作边采集现场数据，尤其适用于物流仓储中的拣货和分拣作业。

② 技术要求: 见《高等职业学校物流管理专业实训教学条件建设标准》中的“表 2 基础实训室设备要求”。

注: 信息采集和传输设备有一种即可。

5. 仓储管理系统

(1) 主要功能: 用于仓储作业和相关业务的管理。

(2) 技术要求: 后台管理、基础资料、订单管理、入库管理、出库管理、库存管理, 包含基于移动 App 或智能终端的移动仓储等。具体见《高等职业学校物流管理专业实训教学条件建设标准》中的“表 3 仓储实训室设备要求”。包括条码打印机、理货台、服务器、计算机及桌椅等。

以上设备均可见教育部颁布的《高等职业学校物流管理专业实训教学条件建设标准》。

四、项目岗位能力要求

该项目面向物流综合作业的主要工作内容、基本技术、相关知识、技能要求、职业素养，如表 17-1 所示。

表 17-1　物流综合作业岗位能力要求

职业岗位	工作阶段	主要工作内容	基本技术	相关知识	技能要求	职业素养
采购主管	采购	编制采购计划	整理分析产品信息，编制计划，发布采购信息	物料需求管理，供应商管理，采购计划编制流程，采购计划内容	能够汇总企业物料需求；能够实时掌握物料的库存情况；能够掌握供货渠道，熟悉供应商信息，能够组织编制月度、季度和年度（短期和中长期）采购计划	编制采购计划，需要良好的沟通能力和团队合作能力；具备成本意识，能够有效降低采购成本
		供应商管理	收集分析供应商及潜在供应商信息，供应商评价及管理	采购基础知识，供应商评价流程、供应商评价指标体系设计，供应商管理方式	能够多渠道收集供应商信息，遴选适当的供应商，完善供应商信息，能够设计供应商评价指标，能够根据供应商评价结果，对供应商进行分级管理	培养信息素养，能够有效收集供应商信息；对供应商的评价要有全球视野、质量意识、安全意识、节约意识；采购人员要遵守职业操守，能够廉洁奉公，公平采购
运输调度	运输	运输作业优化	货运数据分析，运输工具选择，车辆调度，运费计算，计划编制	货物运输计划编制的基础知识，配线、派车和调度相关知识，运费的构成与计算等方面的知识	能够完成车辆运用计划编制；能够按照货物运输任务要求，选择适当的运输工具和路线；能够完成货物托运单、调拨单和车辆调度派车单等；单据的缮制和运费的计算	应具备成本意识，能够有效降低运输成本；运输调度应遵守职业操守，能够廉洁奉公，时刻具有安全意识、节约意识和环保意识；要树立敬业精神，认真做好各项工作
仓库主管	仓储	收货检验	能够运用合理、简洁、迅速的方法进行货物检验	有货物学的基本知识	对验收中发现的问题，应根据不同情况，采取不同的方法处理	具备入库收货检验工作的基本技能，注重物流作业细节的要求

续表

职业岗位	工作阶段	主要工作内容	基本技术	相关知识	技能要求	职业素养
仓库主管	仓储	货物组托	选取组托方式，绘制组托示意图	了解商务部对托盘的推荐规格，熟悉货架功能；掌握物品堆码的原则	能够根据货物特点，确定组托方式，能够绘制组托图，能够遵循合理、牢固、定量、整齐、节约、方便等基本要求，实施组托作业	货物组托工作考验操作者的劳动意识和安全意识
		入库码放	针对不同物品的特性，正确制定ABC分类标准，进行ABC分类	熟悉数据收集、整理，掌握库存控制基本知识	能够对数据进行准确的分析，能够根据不同物品的特性，正确制定ABC分类标准，能够针对物品的动态变化，不断调整物品分类，提高物动量	具备制定ABC分类标准的基本技能，注重作业细节，培养精益求精的工匠精神
		拣选	制作拣选单，选择拣选方式	掌握优化拣选路线的基本知识，了解线路种类，熟悉摘果法和播种法的内涵	能够合并出库订单，设计合理的拣选单，使拣选作业效率最高	制作拣选单时应具有节约意识、劳动意识、成本意识、安全意识，使拣选作业既合理又高效
配送主管	配送	配送方式分析	能够制定客户满意的配送方式，将物品配送到客户手中	掌握配送的基本知识，熟悉配送线路的优化方法，了解客户对配送的诉求	能够用客户满意的方式、速度、态度将物品安全送到客户手中	配送主管应具有创新思维和市场洞察力，应用或创新更加人性化的配送方式，以满足客户需求

虚拟仿真：
无人机配送

视频：
无人配送车

动画：
现代物流作业流程

五、考核评价标准

物流综合作业考核评分表如表 17-2 所示。

表 17-2　物流综合作业考核评分表

专业　　　　　　　　　　班级　　　　　　　　　　姓名（小组）

考核项目	评分标准及说明	项目分值 / 分
编制采购计划	能够熟悉企业物品信息资料，综合考虑问题得5分；根据本年1—9月份销量推算企业全年销量，错误扣2分，其他每错酌情减分，最多扣5分	5
	能够组织编制年度采购计划，正确得8分；每错扣0.2分，最多扣8分	8
	能够组织编制季度采购计划，正确得8分；每错扣0.1分，最多扣8分	8
	四年平均增长率，计算正确得4分；有错扣4分	4
供应商管理	完成年销量占5%以上供应（制造）商信息档案的建立得10分；每错扣2分，最多扣10分	10
	能够多渠道收集供应商信息，信息完整且准确得4分；信息不够完整但准确扣2分；信息不准确扣4分	4
运输作业优化	能够完成货物托运单的填制，得6分；每错扣1分，最多扣6分	6
	能够按照货物运输任务要求，选择适当的运输工具和运输路线，完成调度派车分析报告且正确得10分；每错扣2分，最多扣10分	10
	能够正确完成调拨单和车辆调度派车单的填制，得6分；每错扣1分，最多扣6分	6
	里程利用率、吨位利用率和实载率，计算正确得3分，每错扣1分	3
收货检验	整批货不拆箱检验得2分，拆箱扣2分	2
货物组托	组托示意图正确得6分；每（托）错扣3分	6
入库码放	入库任务单，储位安排正确得4分；每错扣0.5分，最多扣4分	4
	物动量ABC分类表，计算正确得8分；每错扣0.5分，最多扣8分	8

续表

考核项目	评分标准及说明	项目分值 / 分
拣选作业	能够合并出库订单，设计合理的拣选单，拣选单要素齐全得9分；每错1单扣1.5分	9
	能够使拣选作业效率提高，提高就得2分	2
配送方式分析	能够用客户满意的方式、速度、态度将物品安全送达客户手中，得5分；送达方式有欠缺酌情扣分，最多扣5分	5
合计		100

考核日期：　　年　月　日

六、技能训练内容

（一）资料包

物流是物品从供应地向接收地的实体流动过程。根据实际需要，将运输、储存、装卸、搬运、包装、流通加工、配送、信息处理等基本功能实施有机结合。

1. 公司简介

德福物流公司，简称德福物流。德福物流是拥有冷链、中小件、大件、B2B 物流业务的企业，在全国拥有 200 个仓库和 15 个大型配送中心，拥有从供应商筛选，产品销量分析和预测，再到入库、出库、运输、配送各个环节的服务系统，提供了用户满意的高品质物流服务。

这里仅通过德福物流天津西青物流中心 1 号库的部分数据及资料，来分析及处理日常业务。

1 号库是公司自营仓库，分为出入库功能区、储存区和其他功能区三大部分，储存库区主要使用托盘式货架（横梁式货架）、通廊式货架和轻型搁板式货架。

饮料和饮用水储存区的托盘式货架（横梁式货架）主要存放整箱饮料和饮用水，储位为 2–22 排，每排 6 列 3 层托盘式货架（横梁式货架），双货位，单货位承重≤ 1 500 kg，货位参考尺寸（长 × 宽 × 高）为 1 125 mm × 1 000 mm × 1 800 mm，净高为 1 800 mm，货位托盘的适宜尺寸（长 × 宽 × 高）为 1 200 mm × 1 000 mm × 160 mm。一般是批量进货，批量出库；主要客户是零售商。

2. 在库物品相关资料

饮料和饮用水储存区在库物品相关资料如表 17–3 所示。

表 17–3　储存区在库物品相关资料

序号	品名	规格 / ml	单价 /（元 / 箱）	包装	包装箱规格（长 × 宽 × 高）
1	阿尔山矿泉水	550	80	24瓶/箱	398 mm ×272 mm × 330 mm
2	巴马铂泉	350	56.9	24瓶/箱	265 mm × 210 mm × 240 mm
3	巴马铂泉	500	132	24瓶/箱	398 mm × 272 mm × 330 mm
4	百岁山饮用天然矿泉水	348	39.9	24瓶/箱	316 mm × 211 mm × 180 mm
5	百岁山饮用天然矿泉水	570	49.9	24瓶/箱	448 mm × 276 mm × 330 mm
6	北大荒天然矿泉水	350	48	24瓶/箱	265 mm × 210 mm × 240 mm
7	冰露包装饮用水	550	19	24瓶/箱	398 mm × 272 mm × 330 mm
8	纯悦包装饮用水	550	48	24瓶/箱	398 mm × 272 mm × 330 mm
9	纯悦包装饮用水	350	27	12瓶/箱	220 mm × 180 mm × 180 mm

续表

序号	品名	规格/ml	单价/（元/箱）	包装	包装箱规格（长×宽×高）
10	芬达橙味汽水	500	69.9	24瓶/箱	398 mm × 272 mm × 330 mm
11	格桑泉饮用天然水	330	68	24瓶/箱	316 mm × 211 mm × 180 mm
12	恒大冰泉天然矿泉水	500	39	24瓶/箱	398 mm × 272 mm × 330 mm
13	恒大冰泉天然矿泉水	350	35.9	24瓶/箱	265 mm × 210 mm × 240 mm
14	加多宝凉茶	310	67.9	24罐/箱	316 mm × 211 mm × 180 mm
15	康师傅包装饮用水	550	22	24瓶/箱	398 mm × 272 mm × 330 mm
16	康师傅冰红茶柠檬口味	500	39.9	15瓶/箱	316 mm × 211 mm × 330 mm
17	康师傅优悦饮用纯净水	550	31.8	24瓶/箱	398 mm × 272 mm × 330 mm
18	可口可乐零度	500	69.9	24瓶/箱	398 mm × 272 mm × 330 mm
19	可蓝天然矿泉水	550	68	24瓶/箱	398 mm × 272 mm × 330 mm
20	昆仑山矿泉水	350	106	24瓶/箱	265 mm × 210 mm × 240 mm
21	名仁苏打水	375	60.5	24瓶/箱	270 mm × 230 mm × 220 mm
22	农夫山泉天然运动装	400	52.9	24瓶/箱	353 mm × 235 mm × 330 mm
23	农夫山泉饮用天然水	380	32.9	24瓶/箱	270 mm × 230 mm × 220 mm
24	农夫山泉饮用天然水	550	35.9	24瓶/箱	398 mm × 272 mm × 330 mm
25	雀巢优活饮用水	330	29	24瓶/箱	316 mm × 211 mm × 180 mm
26	雀巢优活饮用水	550	34.9	24瓶/箱	398 mm × 272 mm × 330 mm
27	水立方饮用天然矿泉水	585	48	24瓶/箱	448 mm × 276 mm × 330 mm
28	天宝泉弱碱性天然饮用水	500	96	24瓶/箱	398 mm × 272 mm × 330 mm
29	统一ALKAQUA爱夸饮用天然矿泉水	570	63	24瓶/箱	448 mm × 276 mm × 330 mm
30	统一绿茶茉莉味	500	60.5	15瓶/箱	398 mm × 272 mm × 330 mm
31	娃哈哈纯净水	596	38.8	24瓶/箱	448 mm × 276 mm × 330 mm
32	娃哈哈饮用纯净水	550	38.8	24瓶/箱	398 mm × 272 mm × 330 mm
33	王老吉凉茶植物饮料	310	69.9	24罐/箱	316 mm × 211 mm × 180 mm
34	旺仔牛奶	145	56.9	20罐/箱	220 mm × 180 mm × 160 mm
35	雪碧	500	69.9	24瓶/箱	398 mm × 272 mm × 330 mm
36	怡宝饮用纯净水	350	26.9	24瓶/箱	265 mm × 210 mm × 240 mm

3. 近 4 年销量

近 4 年销量如表 17-4 所示。本年度根据 1—9 月份销量推算出全年销量。

表 17-4 近 4 年销量表

序号	品名	规格 / ml	单位	第 1 年	第 2 年	第 3 年	本年度 1—9 月
1	阿尔山矿泉水	550	箱	5 000	5 300	5 400	4 100
2	巴马铂泉	350	箱	2 000	2 120	2 160	2 640
3	巴马铂泉	500	箱	1 250	1 325	1 350	1 025
4	百岁山饮用天然矿泉水	348	箱	225 000	238 500	243 000	254 500
5	百岁山饮用天然矿泉水	570	箱	175 000	185 500	189 000	183 500
6	北大荒天然矿泉水	350	箱	2 500	2 650	2 700	2 050
7	冰露包装饮用水	550	箱	250 000	265 000	270 000	295 000
8	纯悦包装饮用水	550	箱	125 000	132 500	135 000	132 500
9	纯悦包装饮用水	350	箱	175 000	185 500	189 000	243 500
10	芬达橙味汽水	500	箱	18 000	21 200	21 600	16 400
11	格桑泉饮用天然水	330	箱	14 000	15 900	16 200	12 300
12	恒大冰泉天然矿泉水	500	箱	20 000	21 200	21 600	26 400
13	恒大冰泉天然矿泉水	350	箱	21 500	23 850	24 300	18 450
14	加多宝凉茶	310	箱	37 500	39 750	40 500	30 750
15	康师傅包装饮用水	550	箱	62 500	66 250	67 500	61 250
16	康师傅冰红茶柠檬口味	500	箱	47 500	50 350	51 300	38 950
17	康师傅优悦饮用纯净水	550	箱	175 000	185 500	189 000	203 500
18	可口可乐零度	500	箱	25 000	26 500	27 000	20 500
19	可蓝天然矿泉水	550	箱	12 500	13 250	13 500	10 250
20	昆仑山矿泉水	350	箱	22 500	23 850	24 300	18 450
21	名仁苏打水	375	箱	27 500	29 150	29 700	32 550
22	农夫山泉天然运动装	400	箱	162 500	172 250	175 500	193 250
23	农夫山泉饮用天然水	380	箱	237 500	251 750	256 500	294 750

续表

序号	品名	规格 / ml	单位	第 1 年	第 2 年	第 3 年	本年度 1—9 月
24	农夫山泉饮用天然水	550	箱	275 000	291 500	297 000	325 500
25	雀巢优活饮用水	330	箱	12 500	13 250	13 500	20 250
26	雀巢优活饮用水	550	箱	2 500	2 650	2 700	2 050
27	水立方饮用天然矿泉水	585	箱	5 000	5 300	5 400	4 100
28	天宝泉弱碱性天然饮用水	500	箱	1 750	1 855	1 890	1 435
29	统一ALKAQUA爱夸饮用天然矿泉水	570	箱	15 000	15 900	16 200	12 300
30	统一绿茶茉莉味	500	箱	20 000	21 200	21 600	16 400
31	娃哈哈纯净水	596	箱	25 000	26 500	27 000	20 500
32	娃哈哈饮用纯净水	550	箱	25 000	26 500	27 000	20 500
33	王老吉凉茶植物饮料	310	箱	37 500	39 750	40 500	40 750
34	旺仔牛奶	145	箱	2 500	2 650	2 700	2 050
35	雪碧	500	箱	25 000	26 500	27 000	25 500
36	怡宝饮用纯净水	350	箱	205 000	217 300	221 400	221 000

4. 公司各品种四季销量占比

公司各品种饮料和饮用水销量季节性较强且稳定。各品种四季销量占比如表 17-5 所示。

表 17-5　各品种四季销量占比

序号	品名	规格 / ml	1—3 月占比 /%	4—6 月占比 /%	7—9 月占比 /%	10—12 月占比 /%
1	阿尔山矿泉水	550	14	31	36	19
2	巴马铂泉	350	14	31	36	19
3	巴马铂泉	500	14	31	36	19
4	百岁山饮用天然矿泉水	348	14	31	36	19
5	百岁山饮用天然矿泉水	570	14	31	36	19
6	北大荒天然矿泉水	350	14	31	36	19

续表

序号	品名	规格 / ml	1—3 月占比 /%	4—6 月占比 /%	7—9 月占比 /%	10—12 月占比 /%
7	冰露包装饮用水	550	14	31	45	10
8	纯悦包装饮用水	550	14	31	36	19
9	纯悦包装饮用水	350	12	31	30	27
10	芬达橙味汽水	500	14	31	36	19
11	格桑泉饮用天然水	330	14	31	36	19
12	恒大冰泉天然矿泉水	500	14	31	36	19
13	恒大冰泉天然矿泉水	350	14	31	36	19
14	加多宝凉茶	310	17	26	37	20
15	康师傅包装饮用水	550	14	31	36	19
16	康师傅冰红茶柠檬口味	500	17	26	37	20
17	康师傅优悦饮用纯净水	550	14	31	36	19
18	可口可乐零度	500	17	26	37	20
19	可蓝天然矿泉水	550	14	31	36	19
20	昆仑山矿泉水	350	14	31	36	19
21	名仁苏打水	375	17	26	37	20
22	农夫山泉天然运动装	400	14	31	36	19
23	农夫山泉饮用天然水	380	14	31	36	19
24	农夫山泉饮用天然水	550	14	31	36	19
25	雀巢优活饮用水	330	14	31	36	19
26	雀巢优活饮用水	550	14	31	36	19
27	水立方饮用天然矿泉水	585	14	31	36	19
28	天宝泉弱碱性天然饮用水	500	14	31	36	19
29	统一ALKAQUA爱夸饮用天然矿泉水	570	14	31	36	19
30	统一绿茶茉莉味	500	17	26	37	20
31	娃哈哈纯净水	596	14	31	36	19
32	娃哈哈饮用纯净水	550	14	31	36	19
33	王老吉凉茶植物饮料	310	17	26	37	20
34	旺仔牛奶	145	26	22	24	28
35	雪碧	500	17	26	37	20
36	怡宝饮用纯净水	350	14	31	37	18

5. 相关资料

本年 9 月 28 日德福物流计划从北京马驹桥物流园调拨 1 600 箱康师傅冰红茶柠檬口味（500 ml）饮料，购入 800 箱昆仑山矿泉水（350 ml）并运至天津西青物流中心 1 号库；公司调度室同时安排德福物流天津西青物流中心 1 号库车队运送天津黄河道鞋城 2 400 箱运动鞋至北京的运输业务，以提高运输效率。相关资料如下：

（1）基本信息。

基本信息相关资料如表 17-6 至表 17-8 所示。

表 17-6 调拨康师傅冰红茶业务

调出单位	单位：德福物流北京马驹桥物流园 地址：北京市通州区马驹桥 2 号桥物流中心 联系人：赵小亮 电话：1562298****
调入单位	单位：德福物流天津西青物流园 地址：天津市西青区西青物流中心 联系人：王小明 电话：1392017****
装货地点	北京市通州区马驹桥 2 号桥物流中心 1 区
卸货地点	天津市西青区西青物流中心 1 号库
物品位置	康师傅冰红茶柠檬口味（500 ml）饮料，纸箱包装规格（长 × 宽 × 高）316 mm × 211 mm × 330 mm，质量 7.5 kg/箱，数量 1 600 箱，单价 39.9 元/箱
计费标准	普通货物北京—天津的基础运价为 300 元/t，重货（每 m^3 质量 ≥ 333 kg）按实际重量计费，轻货（每 m^3 质量不足 333 kg）按折算重量计费，装卸费 15 元/t，保价费为货物声明价值的 0.3%，托运人可自愿选择是否保价

表 17-7 采购昆仑山矿泉水业务

发货人	单位：昆仑山矿泉水有限公司北京分公司 地址：北京市通州区马驹桥 2 号桥物流中心 联系人：刘明 电话：1332169****
收货人	单位：德福物流天津西青物流园 地址：天津市西青区西青物流中心 联系人：王小明 电话：1392017****
装货地点	北京市通州区马驹桥 2 号桥物流中心 2 区
卸货地点	天津市西青区西青物流中心 1 号库
物品信息	昆仑山矿泉水（350 ml），纸箱包装规格（长 × 宽 × 高）265 mm × 210 mm × 240 mm，重量 8.4 kg/箱，数量 800 箱，单价 106 元/箱
计费标准	普通货物天津—北京的基础运价为 300 元/t，重货（每 m^3 质量 ≥ 333 kg）按实际质量计费，轻货（每 m^3 质量不足 333 kg）按折算重量计费，装卸费 15 元/t，保价费为货物声明价值的 0.3%，托运人可自愿选择是否保价

表 17-8　承接公司调度室安排运送天津黄河道鞋城运动鞋至北京的运输业务

发货人	单位：天津市南开区黄河道鞋城 地址：天津市南开区黄河道94号 联系人：刘扬　电话：1562270****
承运人	德福物流天津西青物流园车队 地址：天津市西青区西青物流中心 联系人：王小明　电话：1392017****
收货人	单位：北京南站大康鞋城 地址：北京市通州区马驹桥1号桥物流中心 联系人：张鸣　电话：1382215****
装货地点	天津市南开区黄河道94号
卸货地点	北京市通州区马驹桥1号桥物流中心2区
物品信息	运动鞋纸箱包装规格为460 mm × 260 mm × 180 mm，质量2.5 kg/箱，数量2 400箱，单价120元/箱
计费标准	普通货物天津—北京的基础运价为300元/t，重货（每m^3质量≥333 kg）按实际重量计费，轻货（每m^3质量不足333 kg）按折算重量计费。装车费16元/t，卸车费13元/t，保价费为货物声明价值的0.3%，托运人可自愿选择是否保价

（2）可调用车型车辆信息。

车型一：7.2 m 厢车，可调用车辆数为 4 辆，车号分别为：津：DF11 ××、津 DF12 ××、津 DF13 ××、津 DF14 ××。

车厢内尺寸 7.2 m × 2.3 m × 2.7 m，最大载质量 10 吨，车辆在高速公路上空驶平均油耗 0.2 l/km，重驶平均油耗增加 4 l/kt · km。车辆在其他道路上空驶平均油耗 0.26 l/km，重驶平均油耗增加 6 l/kt · km。司机平均日工资 350 元（不考虑工作时长），高速公路过路过桥费平均 1.0 元 /km，其他费用忽略不计。

车型二：9.6 m 厢车，可调用车辆数为 4 辆，车号分别为：津 DF21 ××、津 DF22 ××、津 DF23 ××、津 DF24 ××。

车厢内尺寸 9.6 m × 2.3 m × 2.7 m，最大载质量 20 t，车辆在高速公路上空驶平均油耗 0.25 l/km，重驶平均油耗增加 8 l/kt · km。车辆在其他道路上空驶平均油耗 0.32 l/km，重驶平均油耗增加 12 l/kt · km。司机平均日工资 600 元（不考虑工作时长），高速公路过路过桥费平均 1.6 元 /km，其他费用忽略不计。

（3）天津 ⇄ 北京行驶线路。

① 全程走高速公路 130 km，预计行驶 2 小时 12 分，收取过路桥费。

② 全程不走高速公路 134 km，预计行驶 3 小时 45 分钟，无过路桥费。

无论选择哪条线路，车辆均在 24 小时内返回。

（4）车辆行驶的时间成本。

车型一的行驶时间成本为每小时 120 元，车型二的行驶时间成本为每小时 150 元。

（5）燃油价格为每升 6.10 元。

6. 入库作业

在货物运抵天津市西青区西青物流中心 1 号库时，办理入库。根据公司规定，整批货物入库无破损时，无须拆箱验货；有破损时，先存放于暂存区待处理，处理时限不得超过 48 小时。入库任务单如表 17-9 所示。

表 17-9　入库任务单

入库任务单编号：R20200928　　　　计划入库时间：到货当日

序号	商品名称	规格 /（瓶 / 箱）	单价 /（元 / 箱）	质量 / kg	包装规格（长 × 宽 × 高）	生产日期	保质期	入库 / 箱	来源
1	昆仑山矿泉水（350 ml）	24	106	8.4	265 mm × 210 mm × 240 mm	本年9月20日	1年	800	购入
2	康师傅冰红茶柠檬口味（500 ml）	15	39.9	7.5	316 mm × 211 mm × 330 mm	本年8月10日	1年	1 600	调拨

7. 出库作业

（1）订单。本年 10 月 8 日有大众超市、光明超市、金工超市购置的饮料和饮用水订单如表 17-10 至表 17-12 所示。

表 17-10　大众超市采购订单

订单编号：D20201008001　　　　订货时间：本年度10月8日

序号	商品名称	规格 /ml	单位	单价 / 元	订购数量	金额 / 元
1	纯悦包装饮用水	350	箱	27	70	1 890
2	百岁山饮用天然矿泉水	348	箱	39.9	50	1 995
合计		—	—	—	120	3 885

表 17-11　光明超市采购订单

订单编号：D20201008002　　　　订货时间：本年度10月8日

序号	商品名称	规格 /ml	单位	单价 / 元	订购数量	金额 / 元
1	纯悦包装饮用水	350	箱	27	60	1 620
2	加多宝凉茶	310	箱	67.9	50	3 395
合计		—	—	—	110	5 015

表 17-12 金工超市采购订单

订单编号：D20201008003　　　　订货时间：本年度10月8日

序号	商品名称	规格 /ml	单位	单价 / 元	订购数量	金额 / 元
1	百岁山饮用天然矿泉水	348	箱	39.9	40	1 596
2	格桑泉饮用天然水	330	箱	68	45	3 060
合计		—	—	—	85	4 656

（2）库存信息。库存信息如表 17-13 所示。

表 17-13 库存信息

货位地址	品名	规格 /ml	单位	数量（时点账面）
01-02-01-01	纯悦包装饮用水	350	箱	212
01-02-01-02	可口可乐零度	500	箱	39
01-02-01-03	巴马铂泉	500	箱	40
01-02-02-01	纯悦包装饮用水	550	箱	40
01-02-02-02	康师傅冰红茶柠檬口味	500	箱	64
01-02-02-03	巴马铂泉	350	箱	109
01-02-03-01	冰露包装饮用水	550	箱	40
01-02-03-02	康师傅包装饮用水	550	箱	40
01-02-03-03	阿尔山矿泉水	550	箱	40
01-02-04-01	康师傅优悦饮用纯净水	550	箱	40
01-02-04-02	恒大冰泉	500	箱	40
01-02-04-03	芬达橙味汽水	500	箱	40
01-02-05-01	百岁山饮用天然矿泉水	570	箱	34
01-02-05-02	恒大冰泉天然矿泉水	350	箱	114
01-02-05-03	北大荒天然矿泉水	350	箱	114
01-02-06-01	百岁山饮用天然矿泉水	348	箱	127
01-02-06-02	加多宝凉茶	310	箱	123
01-02-06-03	格桑泉饮用天然水	330	箱	123

（3）货位信息。货位信息如图 17-1 所示。

巴马铂泉 500 ml 40 箱 01-02-01-03	巴马铂泉 350 ml 109 箱 01-02-02-03	阿尔山矿泉水 550 ml 40 箱 01-02-03-03	芬达橙味汽水 500 ml 40 箱 01-02-04-03	北大荒天然 矿泉水 350 ml 114 箱 01-02-05-03	格桑泉饮用 天然水 330 ml 123 箱 01-02-06-03
可口可乐零度 500 ml 39 箱 01-02-01-02	康师傅冰红茶 柠檬口味 500 ml 64 箱 01-02-02-02	康师傅包装 饮用水 550 ml 40 箱 01-02-03-02	恒大冰泉天然 矿泉水 500 ml 40 箱 01-02-04-02	恒大冰泉天然 矿泉水 350 ml 114 箱 01-02-05-02	加多宝凉茶 310 ml 123 箱 01-02-06-02
纯悦包装 饮用水 350 ml 212 箱 01-02-01-01	纯悦包装 饮用水 550 ml 40 箱 01-02-02-01	冰露包装 饮用水 550 ml 40 箱 01-02-03-01	康师傅优悦 饮用纯净水 550 ml 40 箱 01-02-04-01	百岁山饮用 天然矿泉水 570 ml 34 箱 01-02-05-01	百岁山饮用 天然矿泉水 348 ml 127 箱 01-02-06-01

货位地址

图 17-1　货位信息

8. 配送作业

大众超市、光明超市、金工超市三个客户对配送的诉求不同。

大众超市要求经济实惠，有保证的门到门服务，追求高性价比。

光明超市要求上午下单当日达，下午下单次日上午送达。

金工超市要求专人服务，极速达，下单后 30 分钟送达。

它们的诉求能实现吗？

（二）作业或设计要求

（1）根据近 4 年销量表（见表 17-4），按照这 4 年的平均增长率，编制公司下一年度采购计划表，如表 17-15 所示，并按照各品种四季销量占比（见表 17-5），编制出下一年各季度采购计划表（一）和（二），如表 17-16 和表 17-17 所示。

（2）为年销量占 5% 以上的供应（制造）商建档案卡，见表 17-18 至表 17-27。

（3）根据德福物流计划，从北京马驹桥物流园调拨康师傅冰红茶业务（见表 17-6）和采购昆仑山矿泉水业务（见表 17-7）；承接公司调度室安排运送天津黄河道鞋城运动鞋至北京的运输业务（见表 17-8）。根据德福物流计划，填写货物运输托运单，见表 17-28

和表 17-29；调拨单见表 17-30；车辆调度派车单见表 17-31 和表 17-32。

（4）请从成本节约的角度选取合适的车型车辆、运输线路进行派车，要进行充分的分析，用数字说话，要有分析计算过程；计算里程利用率、吨位利用率和实载率，填制在调度派车分析报告中，见表 17-33。

（5）根据近 4 年销量表（见表 17-4），对在库饮料和饮用水进行 ABC 分类，填制物动量 ABC 分类表，见表 17-34。ABC 分类计算过程保留 2 位小数（四舍五入），如 12.34%。ABC 分类时按表 17-14 的公司规定执行。

表 17-14　ABC 分类的公司规定

累计品种所占比重 /%	0 < A 占比 ≤ 15	15 < B 占比 ≤ 35	35 < C 占比 ≤ 100
累计销售量所占比重 /%	0 < A 占比 ≤ 70	70 < B 占比 ≤ 90	90 < C 占比 ≤ 100

（6）根据 ABC 分类结果和入库任务单（见表 17-9），请给昆仑山矿泉水（350 ml）和康师傅冰红茶柠檬口味（500 ml）安排储位，见表 17-35，并根据已知条件绘制托盘码放完整的奇数层俯视图和偶数层俯视图，在图上标出托盘的长宽尺寸（以 mm 为单位），堆码时应考虑压缝。

（7）出库作业。要求根据表 17-10 的大众超市采购订单，表 17-11 的光明超市采购订单和表 17-12 的金工超市采购订单；表 17-13 的库存信息和图 17-1 的货位信息，月台信息自行设置。

（8）配送作业。大众超市、光明超市、金工超市三个客户都属于同城配送，这些要求打破了过去按节约里程排序、制定配送路线的传统做法，请在表 17-36 中分析配送方式的特点。

（三）作业项目所需账、卡、表、单

1. 下一年度采购计划表

表 17-15　下一年度采购计划表

序号	品名	规格 / ml	年度平均增长率 $m=\sqrt[n]{\frac{B}{A}}-1$	采购量 / 箱	采购金额 / 万元	备注
1	阿尔山矿泉水	550				
2	巴马铂泉	350				
3	巴马铂泉	500				
4	百岁山饮用天然矿泉水	348				
5	百岁山饮用天然矿泉水	570				
6	北大荒天然矿泉水	350				
7	冰露包装饮用水	550				
8	纯悦包装饮用水	550				
9	纯悦包装饮用水	350				
10	芬达橙味汽水	500				
11	格桑泉饮用天然水	330				
12	恒大冰泉天然矿泉水	500				
13	恒大冰泉天然矿泉水	350				
14	加多宝凉茶	310				
15	康师傅包装饮用水	550				
16	康师傅冰红茶柠檬口味	500				
17	康师傅优悦饮用纯净水	550				
18	可口可乐零度	500				
19	可蓝天然矿泉水	550				
20	昆仑山矿泉水	350				
21	名仁苏打水	375				
22	农夫山泉天然运动装	400				
23	农夫山泉饮用天然水	380				

续表

序号	品名	规格 / ml	年度平均增长率 $m=\sqrt[n]{\frac{B}{A}}-1$	采购量 / 箱	采购金额 / 万元	备注
24	农夫山泉饮用天然水	550				
25	雀巢优活饮用水	330				
26	雀巢优活饮用水	550				
27	水立方饮用天然矿泉水	585				
28	天宝泉弱碱性天然饮用水	500				
29	统一ALKAQUA爱夸饮用天然矿泉水	570				
30	统一绿茶茉莉味	500				
31	娃哈哈纯净水	596				
32	娃哈哈饮用纯净水	550				
33	王老吉凉茶植物饮料	310				
34	旺仔牛奶	145				
35	雪碧	500				
36	怡宝饮用纯净水	350				

注：① 采购量保持整数；② 采购金额保留1位小数；③ 年度平均增长率结果保留3位小数。④ 在年度平均增长率公式中，m为年度平均增长率，B为最后一年销量，A为第一年销量，n为年数−1。

2. 下一年各季度采购计划表

表 17–16　下一年各季度采购计划表（一）

序号	品名	规格 / ml	第1季度 / 箱	第2季度 / 箱	第3季度 / 箱	第4季度 / 箱	合计
1	阿尔山矿泉水	550					
2	巴马铂泉	350					
3	巴马铂泉	500					
4	百岁山饮用天然矿泉水	348					
5	百岁山饮用天然矿泉水	570					
6	北大荒天然矿泉水	350					
7.	冰露包装饮用水	550					

续表

序号	品名	规格 / ml	第 1 季度 / 箱	第 2 季度 / 箱	第 3 季度 / 箱	第 4 季度 / 箱	合计
8	纯悦包装饮用水	550					
9	纯悦包装饮用水	350					
10	芬达橙味汽水	500					
11	格桑泉饮用天然水	330					
12	恒大冰泉天然矿泉水	500					
13	恒大冰泉天然矿泉水	350					
14	加多宝凉茶	310					
15	康师傅包装饮用水	550					
16	康师傅冰红茶柠檬口味	500					
17	康师傅优悦饮用纯净水	550					
18	可口可乐零度	500					
19	可蓝天然矿泉水	550					
20	昆仑山矿泉水	350					
21	名仁苏打水	375					
22	农夫山泉天然运动装	400					
23	农夫山泉饮用天然水	380					
24	农夫山泉饮用天然水	550					
25	雀巢优活饮用水	330					
26	雀巢优活饮用水	550					
27	水立方饮用天然矿泉水	585					
28	天宝泉弱碱性天然饮用水	500					
29	统一ALKAQUA爱夸饮用天然矿泉水	570					
30	统一绿茶茉莉味	500					
31	娃哈哈纯净水	596					
32	娃哈哈饮用纯净水	550					
33	王老吉凉茶植物饮料	310					
34	旺仔牛奶	145					
35	雪碧	500					
36	怡宝饮用纯净水	350					

注：采购量保留整数。

表 17-17　下一年各季度采购计划表（二）

序号	品名	规格 / ml	第 1 季度 / 万元	第 2 季度 / 万元	第 3 季度 / 万元	第 4 季度 / 万元	合计
1	阿尔山矿泉水	550					
2	巴马铂泉	350					
3	巴马铂泉	500					
4	百岁山饮用天然矿泉水	348					
5	百岁山饮用天然矿泉水	570					
6	北大荒天然矿泉水	350					
7	冰露包装饮用水	550					
8	纯悦包装饮用水	550					
9	纯悦包装饮用水	350					
10	芬达橙味汽水	500					
11	格桑泉饮用天然水	330					
12	恒大冰泉天然矿泉水	500					
13	恒大冰泉天然矿泉水	350					
14	加多宝凉茶	310					
15	康师傅包装饮用水	550					
16	康师傅冰红茶柠檬口味	500					
17	康师傅优悦饮用纯净水	550					
18	可口可乐零度	500					
19	可蓝天然矿泉水	550					
20	昆仑山矿泉水	350					
21	名仁苏打水	375					
22	农夫山泉天然运动装	400					
23	农夫山泉饮用天然水	380					
24	农夫山泉饮用天然水	550					
25	雀巢优活饮用水	330					
26	雀巢优活饮用水	550					

续表

序号	品名	规格 / ml	第 1 季度 / 万元	第 2 季度 / 万元	第 3 季度 / 万元	第 4 季度 / 万元	合计
27	水立方饮用天然矿泉水	585					
28	天宝泉弱碱性天然饮用水	500					
29	统一ALKAQUA爱夸饮用天然矿泉水	570					
30	统一绿茶茉莉味	500					
31	娃哈哈纯净水	596					
32	娃哈哈饮用纯净水	550					
33	王老吉凉茶植物饮料	310					
34	旺仔牛奶	145					
35	雪碧	500					
36	怡宝饮用纯净水	350					
合计							

注：采购金额保留1位小数。

3. 建立供应（制造）商档案

表 17-18　供应（制造）商档案卡

编号：　　　　　　　　　　　　　　　　　　　　　建档时间：　　年　　月　　日

<table>
<tr><td colspan="3">公司名称</td><td colspan="5"></td></tr>
<tr><td colspan="3">公司地址</td><td colspan="5"></td></tr>
<tr><td colspan="2">法人代表</td><td></td><td>经营范围</td><td colspan="4"></td></tr>
<tr><td colspan="2">联系人</td><td></td><td>电话</td><td colspan="4"></td></tr>
<tr><td colspan="2">传真</td><td></td><td>E-mail</td><td colspan="2"></td><td>网址</td><td></td></tr>
<tr><td rowspan="6">公司概况</td><td colspan="2">注册资金</td><td>万元</td><td rowspan="3">公司信用</td><td>信用种类</td><td>等级</td><td>授予单位</td></tr>
<tr><td rowspan="2">营业执照</td><td>注册号</td><td></td><td></td><td></td><td></td></tr>
<tr><td>有效期</td><td></td><td></td><td></td><td></td></tr>
<tr><td colspan="2">公司性质</td><td></td><td>经营状况</td><td colspan="3"></td></tr>
<tr><td colspan="2">商品名称</td><td></td><td>品牌/规格</td><td colspan="3"></td></tr>
<tr><td colspan="2"></td><td></td><td></td><td colspan="3"></td></tr>
<tr><td colspan="3">消费者满意度</td><td colspan="5">□高　□较高　□一般　□较低　□低</td></tr>
<tr><td colspan="3">供应（制造）商综合评价等级</td><td colspan="5">□A　□B　□C　□D</td></tr>
<tr><td colspan="3">维护档案时间</td><td colspan="5"></td></tr>
</table>

制表人：　　　　　　　　　　　　　　　　　　　　审核人：

表 17-19　供应（制造）商档案卡

编号：　　　　　　　　　　　　　　　　　　建档时间：　　年　　月　　日

<table>
<tr><td colspan="3">公司名称</td><td colspan="5"></td></tr>
<tr><td colspan="3">公司地址</td><td colspan="5"></td></tr>
<tr><td colspan="2">法人代表</td><td></td><td>经营范围</td><td colspan="4"></td></tr>
<tr><td colspan="2">联系人</td><td></td><td>电话</td><td colspan="4"></td></tr>
<tr><td colspan="2">传真</td><td></td><td>E-mail</td><td></td><td>网址</td><td colspan="2"></td></tr>
<tr><td rowspan="8">公司概况</td><td colspan="2">注册资金</td><td colspan="2">万元</td><td rowspan="3">公司信用</td><td>信用种类</td><td>等级</td><td>授予单位</td></tr>
<tr><td rowspan="2">营业执照</td><td>注册号</td><td colspan="2"></td><td></td><td></td><td></td></tr>
<tr><td>有效期</td><td colspan="2"></td><td></td><td></td><td></td></tr>
<tr><td colspan="2">公司性质</td><td colspan="2"></td><td colspan="2">经营状况</td><td colspan="2"></td></tr>
<tr><td colspan="2" rowspan="3">商品名称</td><td colspan="2"></td><td colspan="2" rowspan="3">品牌/规格</td><td></td><td></td></tr>
<tr><td colspan="2"></td><td></td><td></td></tr>
<tr><td colspan="2"></td><td></td><td></td></tr>
<tr><td colspan="3">消费者满意度</td><td colspan="5">□高　□较高　□一般　□较低　□低</td></tr>
<tr><td colspan="3">供应（制造）商综合评价等级</td><td colspan="5">□A　□B　□C　□D</td></tr>
<tr><td colspan="3">维护档案时间</td><td colspan="5"></td></tr>
</table>

制表人：　　　　　　　　　　　　　　　　　　审核人：

表 17-20　供应（制造）商档案卡

编号：　　　　　　　　　　　　　　　　　　　　建档时间：　　年　月　日

<table>
<tr><td colspan="4">公司名称</td><td colspan="5"></td></tr>
<tr><td colspan="4">公司地址</td><td colspan="5"></td></tr>
<tr><td colspan="2">法人代表</td><td colspan="2"></td><td>经营范围</td><td colspan="4"></td></tr>
<tr><td colspan="2">联系人</td><td colspan="2"></td><td>电话</td><td colspan="4"></td></tr>
<tr><td colspan="2">传真</td><td colspan="2"></td><td>E-mail</td><td colspan="2"></td><td>网址</td><td></td></tr>
<tr><td rowspan="6">公司概况</td><td colspan="2">注册资金</td><td colspan="2">万元</td><td rowspan="3">公司信用</td><td>信用种类</td><td>等级</td><td>授予单位</td></tr>
<tr><td rowspan="2">营业执照</td><td>注册号</td><td colspan="2"></td><td></td><td></td><td></td></tr>
<tr><td>有效期</td><td colspan="2"></td><td></td><td></td><td></td></tr>
<tr><td colspan="2">公司性质</td><td colspan="2"></td><td colspan="2">经营状况</td><td colspan="2"></td></tr>
<tr><td colspan="2" rowspan="2">商品名称</td><td colspan="2"></td><td rowspan="2">品牌/规格</td><td></td><td></td><td></td></tr>
<tr><td colspan="2"></td><td></td><td></td><td></td></tr>
<tr><td colspan="3">消费者满意度</td><td colspan="6">□高　□较高　□一般　□较低　□低</td></tr>
<tr><td colspan="3">供应（制造）商综合评价等级</td><td colspan="6">□A　□B　□C　□D</td></tr>
<tr><td colspan="3">维护档案时间</td><td colspan="6"></td></tr>
</table>

制表人：　　　　　　　　　　　　　　　　　　审核人：

表 17-21　供应（制造）商档案卡

编号:　　　　　　　　　　　　　　　　　　　　　　建档时间:　　　年　　月　　日

<table>
<tr><td colspan="3">公司名称</td><td colspan="5"></td></tr>
<tr><td colspan="3">公司地址</td><td colspan="5"></td></tr>
<tr><td colspan="2">法人代表</td><td></td><td>经营范围</td><td colspan="4"></td></tr>
<tr><td colspan="2">联系人</td><td></td><td>电话</td><td colspan="4"></td></tr>
<tr><td colspan="2">传真</td><td></td><td>E-mail</td><td colspan="2"></td><td>网址</td><td></td></tr>
<tr><td rowspan="7">公司概况</td><td colspan="2">注册资金</td><td>万元</td><td rowspan="3">公司信用</td><td>信用种类</td><td>等级</td><td>授予单位</td></tr>
<tr><td rowspan="2">营业执照</td><td>注册号</td><td></td><td></td><td></td><td></td></tr>
<tr><td>有效期</td><td></td><td></td><td></td><td></td></tr>
<tr><td colspan="2">公司性质</td><td></td><td colspan="2">经营状况</td><td colspan="2"></td></tr>
<tr><td colspan="2" rowspan="3">商品名称</td><td></td><td colspan="2" rowspan="3">品牌/规格</td><td></td><td></td></tr>
<tr><td></td><td></td><td></td></tr>
<tr><td></td><td></td><td></td></tr>
<tr><td colspan="3">消费者满意度</td><td colspan="5">□高　□较高　□一般　□较低　□低</td></tr>
<tr><td colspan="3">供应（制造）商综合评价等级</td><td colspan="5">□A　□B　□C　□D</td></tr>
<tr><td colspan="3">维护档案时间</td><td colspan="5"></td></tr>
</table>

制表人:　　　　　　　　　　　　　　　　　　　　　　审核人:

表 17-22 供应（制造）商档案卡

编号：　　　　　　　　　　　　　　　　　　　　建档时间：　　年　　月　　日

<table>
<tr><td colspan="4">公司名称</td><td colspan="6"></td></tr>
<tr><td colspan="4">公司地址</td><td colspan="6"></td></tr>
<tr><td colspan="3">法人代表</td><td colspan="2"></td><td>经营范围</td><td colspan="4"></td></tr>
<tr><td colspan="3">联系人</td><td colspan="2"></td><td>电话</td><td colspan="4"></td></tr>
<tr><td colspan="3">传真</td><td colspan="2"></td><td>E-mail</td><td colspan="2"></td><td>网址</td><td></td></tr>
<tr><td rowspan="5">公司概况</td><td colspan="2">注册资金</td><td colspan="3">万元</td><td rowspan="3">公司信用</td><td>信用种类</td><td>等级</td><td>授予单位</td></tr>
<tr><td rowspan="2">营业执照</td><td>注册号</td><td colspan="3"></td><td></td><td></td><td></td></tr>
<tr><td>有效期</td><td colspan="3"></td><td></td><td></td><td></td></tr>
<tr><td colspan="2">公司性质</td><td colspan="3"></td><td colspan="2">经营状况</td><td colspan="2"></td></tr>
<tr><td colspan="2">商品名称</td><td colspan="3"></td><td colspan="2">品牌/规格</td><td colspan="2"></td></tr>
<tr><td colspan="3">消费者满意度</td><td colspan="7">□高　□较高　□一般　□较低　□低</td></tr>
<tr><td colspan="3">供应（制造）商综合评价等级</td><td colspan="7">□A　□B　□C　□D</td></tr>
<tr><td colspan="3">维护档案时间</td><td colspan="7"></td></tr>
</table>

制表人：　　　　　　　　　　　　　　　　　　　　审核人：

表 17-23　供应（制造）商档案卡

编号：　　　　　　　　　　　　　　　　　　　　　　　　建档时间：　　年　　月　　日

<table>
<tr><td colspan="4">公司名称</td><td colspan="5"></td></tr>
<tr><td colspan="4">公司地址</td><td colspan="5"></td></tr>
<tr><td colspan="2">法人代表</td><td colspan="2"></td><td>经营范围</td><td colspan="4"></td></tr>
<tr><td colspan="2">联系人</td><td colspan="2"></td><td>电话</td><td colspan="4"></td></tr>
<tr><td colspan="2">传真</td><td colspan="2"></td><td>E-mail</td><td colspan="2"></td><td>网址</td><td></td></tr>
<tr><td rowspan="7">公司概况</td><td colspan="2">注册资金</td><td colspan="2">万元</td><td rowspan="3">公司信用</td><td>信用种类</td><td>等级</td><td>授予单位</td></tr>
<tr><td rowspan="2">营业执照</td><td>注册号</td><td colspan="2"></td><td></td><td></td><td></td></tr>
<tr><td>有效期</td><td colspan="2"></td><td></td><td></td><td></td></tr>
<tr><td colspan="2">公司性质</td><td colspan="2"></td><td colspan="2">经营状况</td><td colspan="2"></td></tr>
<tr><td colspan="2" rowspan="3">商品名称</td><td colspan="2"></td><td colspan="2" rowspan="3">品牌/规格</td><td></td><td></td></tr>
<tr><td colspan="2"></td><td></td><td></td></tr>
<tr><td colspan="2"></td><td></td><td></td></tr>
<tr><td colspan="3">消费者满意度</td><td colspan="6">□高　□较高　□一般　□较低　□低</td></tr>
<tr><td colspan="3">供应（制造）商综合评价等级</td><td colspan="6">□A　□B　□C　□D</td></tr>
<tr><td colspan="3">维护档案时间</td><td colspan="6"></td></tr>
</table>

制表人：　　　　　　　　　　　　　　　　　　　　　审核人：

表 17-24 供应（制造）商档案卡

编号：　　　　　　　　　　　　　　　　　　　　　　　建档时间：　　年　月　日

<table>
<tr><td colspan="4">公司名称</td><td colspan="5"></td></tr>
<tr><td colspan="4">公司地址</td><td colspan="5"></td></tr>
<tr><td colspan="2">法人代表</td><td colspan="2"></td><td>经营范围</td><td colspan="4"></td></tr>
<tr><td colspan="2">联系人</td><td colspan="2"></td><td>电话</td><td colspan="4"></td></tr>
<tr><td colspan="2">传真</td><td colspan="2"></td><td>E-mail</td><td colspan="2"></td><td>网址</td><td></td></tr>
<tr><td rowspan="7">公司概况</td><td colspan="2">注册资金</td><td colspan="2">万元</td><td rowspan="3">公司信用</td><td>信用种类</td><td>等级</td><td>授予单位</td></tr>
<tr><td rowspan="2">营业执照</td><td>注册号</td><td colspan="2"></td><td></td><td></td><td></td></tr>
<tr><td>有效期</td><td colspan="2"></td><td></td><td></td><td></td></tr>
<tr><td colspan="2">公司性质</td><td colspan="2"></td><td colspan="2">经营状况</td><td colspan="2"></td></tr>
<tr><td colspan="2" rowspan="3">商品名称</td><td colspan="2"></td><td colspan="2" rowspan="3">品牌/规格</td><td></td><td></td></tr>
<tr><td colspan="2"></td><td></td><td></td></tr>
<tr><td colspan="2"></td><td></td><td></td></tr>
<tr><td colspan="3">消费者满意度</td><td colspan="6">□高　□较高　□一般　□较低　□低</td></tr>
<tr><td colspan="3">供应（制造）商综合评价等级</td><td colspan="6">□A　□B　□C　□D</td></tr>
<tr><td colspan="3">维护档案时间</td><td colspan="6"></td></tr>
</table>

制表人：　　　　　　　　　　　　　　　　　　　　审核人：

表 17-25　供应（制造）商档案卡

编号：　　　　　　　　　　　　　　　　　　　　　　　　　建档时间：　　年　　月　　日

<table>
<tr><td colspan="4">公司名称</td><td colspan="5"></td></tr>
<tr><td colspan="4">公司地址</td><td colspan="5"></td></tr>
<tr><td colspan="2">法人代表</td><td colspan="2"></td><td>经营范围</td><td colspan="4"></td></tr>
<tr><td colspan="2">联系人</td><td colspan="2"></td><td>电话</td><td colspan="4"></td></tr>
<tr><td colspan="2">传真</td><td colspan="2"></td><td>E-mail</td><td colspan="2"></td><td>网址</td><td></td></tr>
<tr><td rowspan="7">公司概况</td><td colspan="2">注册资金</td><td colspan="2">万元</td><td rowspan="3">公司信用</td><td>信用种类</td><td>等级</td><td>授予单位</td></tr>
<tr><td rowspan="2">营业执照</td><td>注册号</td><td colspan="2"></td><td></td><td></td><td></td></tr>
<tr><td>有效期</td><td colspan="2"></td><td></td><td></td><td></td></tr>
<tr><td colspan="2">公司性质</td><td colspan="2"></td><td colspan="2">经营状况</td><td colspan="2"></td></tr>
<tr><td colspan="2" rowspan="3">商品名称</td><td colspan="2"></td><td colspan="2" rowspan="3">品牌/规格</td><td></td><td></td></tr>
<tr><td colspan="2"></td><td></td><td></td></tr>
<tr><td colspan="2"></td><td></td><td></td></tr>
<tr><td colspan="3">消费者满意度</td><td colspan="6">□高　□较高　□一般　□较低　□低</td></tr>
<tr><td colspan="3">供应（制造）商综合评价等级</td><td colspan="6">□A　□B　□C　□D</td></tr>
<tr><td colspan="3">维护档案时间</td><td colspan="6"></td></tr>
</table>

制表人：　　　　　　　　　　　　　　　　　　　　审核人：

表 17-26　供应（制造）商档案卡

编号：　　　　　　　　　　　　　　　　　　　　建档时间：　　年　　月　　日

<table>
<tr><td colspan="4">公司名称</td><td colspan="5"></td></tr>
<tr><td colspan="4">公司地址</td><td colspan="5"></td></tr>
<tr><td colspan="2">法人代表</td><td colspan="2"></td><td>经营范围</td><td colspan="4"></td></tr>
<tr><td colspan="2">联系人</td><td colspan="2"></td><td>电话</td><td colspan="4"></td></tr>
<tr><td colspan="2">传真</td><td colspan="2"></td><td>E-mail</td><td colspan="2"></td><td>网址</td><td></td></tr>
<tr><td rowspan="7">公司概况</td><td colspan="2">注册资金</td><td colspan="2">万元</td><td rowspan="3">公司信用</td><td>信用种类</td><td>等级</td><td>授予单位</td></tr>
<tr><td rowspan="2">营业执照</td><td>注册号</td><td colspan="2"></td><td></td><td></td><td></td></tr>
<tr><td>有效期</td><td colspan="2"></td><td></td><td></td><td></td></tr>
<tr><td colspan="2">公司性质</td><td colspan="2"></td><td colspan="2">经营状况</td><td colspan="2"></td></tr>
<tr><td colspan="2" rowspan="3">商品名称</td><td colspan="2"></td><td colspan="2" rowspan="3">品牌/规格</td><td></td><td></td></tr>
<tr><td colspan="2"></td><td></td><td></td></tr>
<tr><td colspan="2"></td><td></td><td></td></tr>
<tr><td colspan="3">消费者满意度</td><td colspan="6">□高　□较高　□一般　□较低　□低</td></tr>
<tr><td colspan="3">供应（制造）商综合评价等级</td><td colspan="6">□A　□B　□C　□D</td></tr>
<tr><td colspan="3">维护档案时间</td><td colspan="6"></td></tr>
</table>

制表人：　　　　　　　　　　　　　　　　审核人：

表 17-27 供应（制造）商档案卡

编号： 建档时间： 年 月 日

<table>
<tr><td colspan="4">公司名称</td><td colspan="5"></td></tr>
<tr><td colspan="4">公司地址</td><td colspan="5"></td></tr>
<tr><td colspan="2">法人代表</td><td colspan="2"></td><td>经营范围</td><td colspan="4"></td></tr>
<tr><td colspan="2">联系人</td><td colspan="2"></td><td>电话</td><td colspan="4"></td></tr>
<tr><td colspan="2">传真</td><td colspan="2"></td><td>E-mail</td><td colspan="2"></td><td>网址</td><td></td></tr>
<tr><td rowspan="7">公司概况</td><td colspan="2">注册资金</td><td colspan="2">万元</td><td rowspan="3">公司信用</td><td>信用种类</td><td>等级</td><td>授予单位</td></tr>
<tr><td rowspan="2">营业执照</td><td>注册号</td><td colspan="2"></td><td></td><td></td><td></td></tr>
<tr><td>有效期</td><td colspan="2"></td><td></td><td></td><td></td></tr>
<tr><td colspan="2">公司性质</td><td colspan="2"></td><td colspan="2">经营状况</td><td colspan="2"></td></tr>
<tr><td colspan="2" rowspan="3">商品名称</td><td colspan="2"></td><td colspan="2" rowspan="3">品牌/规格</td><td></td><td></td></tr>
<tr><td colspan="2"></td><td></td><td></td></tr>
<tr><td colspan="2"></td><td></td><td></td></tr>
<tr><td colspan="3">消费者满意度</td><td colspan="6">□高 □较高 □一般 □较低 □低</td></tr>
<tr><td colspan="3">供应（制造）商综合评价等级</td><td colspan="6">□A □B □C □D</td></tr>
<tr><td colspan="3">维护档案时间</td><td colspan="6"></td></tr>
</table>

制表人： 审核人：

4. 运输单据

表 17-28　货物运输托运单

年　月　日　　　　第100号

<table>
<tr><td colspan="11">托运人：　　　电话：　　　装货地点：</td></tr>
<tr><td colspan="11">收货人：　　　电话：　　　卸货地点：</td></tr>
<tr><td rowspan="2">货物名称</td><td rowspan="2">性质</td><td rowspan="2">包装或规格/mm</td><td rowspan="2">件数</td><td rowspan="2">实际质量/t</td><td rowspan="2">计费质量/t</td><td rowspan="2">货物声明价值/元</td><td colspan="3">计费项目</td><td rowspan="2">货物核实记录</td></tr>
<tr><td>运费/元</td><td>装卸费/元</td><td>保价费/元</td></tr>
<tr><td></td><td></td><td></td><td></td><td></td><td></td><td></td><td></td><td></td><td></td><td></td></tr>
<tr><td></td><td></td><td></td><td></td><td></td><td></td><td></td><td></td><td></td><td></td><td></td></tr>
<tr><td></td><td></td><td></td><td></td><td></td><td></td><td></td><td></td><td></td><td></td><td></td></tr>
<tr><td></td><td></td><td></td><td></td><td></td><td></td><td></td><td></td><td></td><td></td><td></td></tr>
<tr><td></td><td></td><td></td><td></td><td></td><td></td><td></td><td></td><td></td><td></td><td></td></tr>
<tr><td></td><td></td><td></td><td></td><td></td><td></td><td></td><td></td><td></td><td></td><td></td></tr>
<tr><td>注意事项</td><td colspan="10">1. 货物名称应填写具体品名，如货物品名过多，不能在托运单内逐一填写，必须另附货物清单。
2. 保险或保价货物，在相应价格栏中填写货物声明价值</td></tr>
</table>

表 17-29　货物运输托运单

年　月　日　　　　第101号

<table>
<tr><td colspan="11">托运人：　　　电话：　　　装货地点：</td></tr>
<tr><td colspan="11">收货人：　　　电话：　　　卸货地点：</td></tr>
<tr><td rowspan="2">货物名称</td><td rowspan="2">性质</td><td rowspan="2">包装或规格/mm</td><td rowspan="2">件数</td><td rowspan="2">实际质量/t</td><td rowspan="2">计费质量/t</td><td rowspan="2">货物声明价值/元</td><td colspan="3">计费项目</td><td rowspan="2">货物核实记录</td></tr>
<tr><td>运费/元</td><td>装卸费/元</td><td>保价费/元</td></tr>
<tr><td></td><td></td><td></td><td></td><td></td><td></td><td></td><td></td><td></td><td></td><td></td></tr>
<tr><td></td><td></td><td></td><td></td><td></td><td></td><td></td><td></td><td></td><td></td><td></td></tr>
<tr><td></td><td></td><td></td><td></td><td></td><td></td><td></td><td></td><td></td><td></td><td></td></tr>
<tr><td></td><td></td><td></td><td></td><td></td><td></td><td></td><td></td><td></td><td></td><td></td></tr>
<tr><td></td><td></td><td></td><td></td><td></td><td></td><td></td><td></td><td></td><td></td><td></td></tr>
<tr><td></td><td></td><td></td><td></td><td></td><td></td><td></td><td></td><td></td><td></td><td></td></tr>
<tr><td>注意事项</td><td colspan="10">1. 货物名称应填写具体品名，如货物品名过多，不能在托运单内逐一填写，必须另附货物清单。
2. 保险或保价货物，在相应价格栏中填写货物声明价值</td></tr>
</table>

表 17-30　调拨单　　　第 000073215 号

以下物品从______________调入______________　　　　年　月　日

序号	名称及规格	单位	数量	单价	金额	备注
合计	佰 拾 万 仟 佰 拾 元 角 分				¥	

制单：　　　　发货单位（经手人签章）:　　　　调入单位（经手人签章）:

表 17-31　车辆调度派车单

NO.000124548

使用部门		驾驶员		随行人数	
起止地点及线路				预计油耗	
用车时间		事由			
车号		行驶里程		行车时数	
车队	主管		用车部门	主管	
	调度			使用人	

表 17-32　车辆调度派车单

NO.000124549

使用部门		驾驶员		随行人数	
起止地点及线路				预计油耗	
用车时间		事由			
车号		行驶里程		行车时数	
车队	主管		用车部门	主管	
	调度			使用人	

表17-33　调度派车分析报告

请选择合适的车型车辆、运输线路进行派车的分析计算过程分别列于下方：
结论：

调度员签字：　　　　　　　　年　　月　　日

注：派车的分析计算过程较长，请添加附页完成。

5. 物动量 ABC 分类表

表 17-34　物动量 ABC 分类表

序号	物品名称	物品规格	销售量	所占比率 /%		累计比率 /%		分类
				品目	周转量	品目	周转量	

6. 安排储位

表 17-35 储位安排

序号	商品名称	类别	储位数量	每托堆码层数	每层箱数	是否压缝
1	昆仑山矿泉水（350 ml）					
2	康师傅冰红茶柠檬口味（500 ml）					

昆仑山矿泉水组托示意图

康师傅冰红茶柠檬口味组托示意图

7. 编制拣选单

拣选单 1

拣选单 2

拣选单 3

拣选单 4

拣选单 5

拣选单 6

8. 分析配送方式的特点

表 17-36　分析配送方式的特点

姓名　　　　　　　　　　　班级　　　　　　　　　　　　　　　　　　　　　　　　　　　　年　　月　　日

请分析配送的节约里程法与以客户需求为目标的配送方式各自的特点

（四）实训报告

填写实训报告，见表 17-37。

表 17-37　实训报告

姓名		学号	
专业		班级	
实训日期		指导教师	
实训项目			
实训收获及反思			

参考文献

[1] 薛威. 仓储作业管理 [M]. 4 版. 北京: 高等教育出版社, 2022.
[2] 全国物流标准化技术委员会. 物流仓储技术标准汇编 [S]. 北京: 中国标准出版社, 2021.
[3] 中国物品编码中心, 中国标准出版社第四编辑室. 物流标准汇编·物流技术卷·搬运与仓储分册 [S]. 北京: 中国标准出版社, 2010.
[4] 国家职业分类大典修订工作委员会. 中华人民共和国职业分类大典 (2022 年版) [M]. 北京: 中国劳动社会保障出版社, 中国人事出版社, 2023.
[5] 尹军琪. 现代物流系统集成——方法、实践与思辨 [M]. 北京: 中国财富出版社, 2020.

读者意见反馈

为收集对教材的意见建议，进一步完善教材编写并做好服务工作，读者可将对本教材的意见建议通过如下渠道反馈至我社。

咨询电话 400-810-0598

反馈邮箱 gjdzfwb@pub.hep.cn

通信地址 北京市朝阳区惠新东街4号富盛大厦1座 高等教育出版社总编辑办公室

邮政编码 100029

防伪查询说明

用户购书后刮开封底防伪涂层，使用手机微信等软件扫描二维码，会跳转至防伪查询网页，获得所购图书详细信息。

防伪客服电话 （010）58582300

资源服务提示

授课教师如需获得本书配套教辅资源，请登录“高等教育出版社产品信息检索系统”（xuanshu.hep.com.cn）搜索下载，首次使用本系统的用户，请先注册并进行教师资格认证。

高教社高职物流专业QQ群：213776041